国家社会科学基金教育学青年课题“体育院校技术类课程虚拟交互环境的设计与实现——以游泳教学为例”（编号：CLA130197）

虚拟现实游泳课程教学系统资源开发与应用

茅 洁 著

北京体育大学出版社

策划编辑： 王英峰
责任编辑： 王英峰
责任校对： 韩培付
版式设计： 久书鑫

图书在版编目（CIP）数据

虚拟现实游泳课程教学系统资源开发与应用 / 茅洁著. -- 北京 : 北京体育大学出版社, 2021.4
ISBN 978-7-5644-3433-5

Ⅰ. ①虚… Ⅱ. ①茅… Ⅲ. ①游泳－教学研究 Ⅳ. ①G861.102

中国版本图书馆 CIP 数据核字（2021）第 014182 号

虚拟现实游泳课程教学系统资源开发与应用 茅 洁 著
XUNI XIANSHI YOUYONG KECHENG JIAOXUE XITONG ZIYUAN KAIFA YU YINGYONG

出版发行： 北京体育大学出版社
地　　址： 北京市海淀区农大南路 1 号院 2 号楼 2 层办公 B-212
邮　　编： 100084
网　　址： http://cbs.bsu.edu.cn
发 行 部： 010-62989320
邮 购 部： 北京体育大学出版社读者服务部 010-62989432
印　　刷： 北京建宏印刷有限公司
开　　本： 710mm×1000mm　　1/16
成品尺寸： 170mm×240mm
印　　张： 14.25
字　　数： 252 千字
版　　次： 2021 年 4 月第 1 版
印　　次： 2021 年 4 月第 1 次印刷
定　　价： 88.00 元

前　言

随着虚拟现实（Virtual Reality，VR）技术日益完善，教育信息化被逐步推进，高校体育教学中应用虚拟现实技术必将成为趋势。虚拟现实和增强现实（Augmented Reality，AR）技术是目前虚拟现实成像领域应用最普遍的技术，应用于教育领域已不再新鲜。

虚拟现实技术应用于教育领域，营造出一种“自主”的学习环境，由传统的“以教促学”的学习方式转变为学习者通过自身与信息环境的相互作用得到知识、技能的新型学习方式，是教育发展的一个飞跃。虚实融合的学习方式能够为学生提供生动、逼真的学习环境，提供无限的虚拟体验，从而加速和巩固学生学习知识的过程。亲身经历、亲身感受比空洞抽象的说教更具说服力，主动交互与被动灌输有本质的差别。

高等体育院校的技术类课程采用虚拟现实技术构建出虚拟三维场景，能够让学生将原有的对课程静态的认知方式改变成动态的认知方式，真正体现出技术类课程虚拟仿真体验的教学意义，使技术类课程教学不再受恶劣天气的影响，在室内也能进行。

游泳是体育技术类课程中比较难掌握的课程之一，通过立体的虚拟现实交互环境，营造出逼真的、身临其境的感觉，让学生在良好的交互中学习游泳课程，提高学生对游泳课程的兴趣，也可以通过虚拟仿真体验减轻学生对游泳运动存在的恐惧。

本书依托国家社会科学基金教育学青年课题“体育院校技术类课程虚拟交互环境的设计与实现——以游泳教学为例”（编号：CLA130197），基于虚拟现实技术、增强现实技术和体感技术，围绕高校游泳课程开发高校虚拟现实游泳课程教学系统。该系统具有以下六个特点：

（1）系统使用最新的计算机图形技术精确还原，展现游泳教学的真实场景。

（2）系统结合最前沿的体感技术——Kinect 动作捕捉，脱离传统的键盘和鼠标的控制模式，采用人体操作计算机系统的方式，实现真正的人机交互。

（3）系统融合最新的虚拟现实沉浸方式，营造逼真的环境氛围，增强使用者的沉浸感与真实感。

（4）系统结合虚拟现实技术，实现虚拟现实设备与 Kinect 体感设备的衔接。

（5）系统融合增强现实及虚拟现实技术，有效结合现实的游泳教学内容，实现体育技术课程的增强现实效果及交互学习环境的创建。

（6）系统采用虚拟增强现实效果的人机交互操作，完善虚拟现实环境下的人机交互形式。

本书主要介绍了高校虚拟现实游泳课程教学系统的开发过程及其应用，同时广泛参考了国内外同行的研究成果。本书的顺利完稿得益于研究团队所有成员的大力支持，特别感谢武汉体育学院研究生院体育工程方向研究生张操、张叶、王舜等同学，以及武汉体育学院体育工程与信息技术学院张经阳同学的参与。

书中难免存在不足，欢迎广大科研学者、读者予以批评指正。

作　者

2021 年 3 月 28 日

中国武汉

目　　录

第一章
概 述

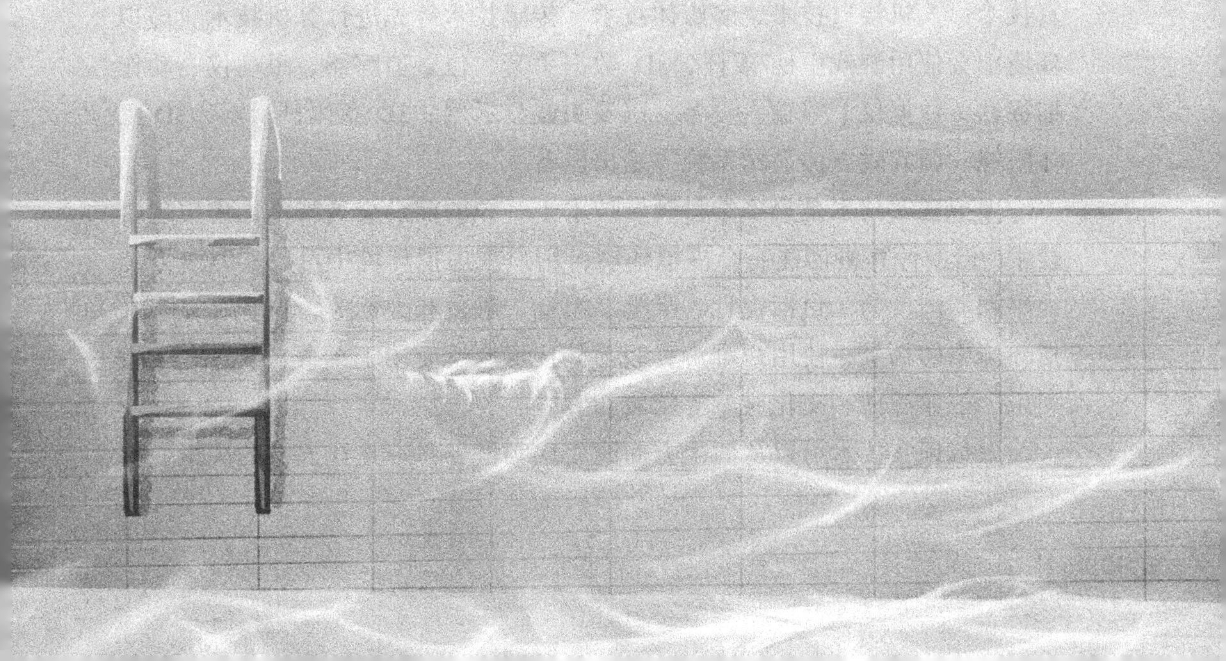

第一节　虚拟现实技术的概念与研究现状

一、虚拟现实技术的概念

以《黑客帝国》为代表的许多影视作品中，经常出现能够以假乱真的虚拟现实场景。而如今，原本只是构想出的虚拟现实，已经逐渐深入到人们的生活中。

虚拟现实[1]是指用计算机生成的一种特殊环境，其中的“现实”是指在物理意义上或功能意义上存在于世界上的任何事物或环境，既可以是实际上可实现的，也可以是实际上难以实现的或根本无法实现的；而“虚拟”则是指使用计算机生成的。故虚拟现实中，人可以通过使用各种特殊设置被“投射”至虚拟环境中，并操作、控制环境完成特殊的运用。虚拟现实本质上是一种先进的计算机用户接口[2]，采用计算机图形技术、计算机仿真技术、人机接口技术、多媒体技术、传感技术等先进计算机技术。虚拟环境中会使用游戏手柄/摇杆、3D 数据手套、位置追踪器、眼动仪、动作捕捉器（数据仪）等输入设备，以及头戴显示器、3D 立体显示器、3D 立体眼镜、洞穴式立体显示系统等输出设备。

虚拟现实技术是集多学科领域技术于一体的前沿交叉技术。虚拟现实技术[3]借助计算机创建一个虚拟环境，用户在虚拟环境中可以实时全方位地感知周围事物，包括视觉、听觉、嗅觉、触觉和力觉等，这种存在于虚拟环境中的场景，使用户难辨真假。其技术广泛使用于军事、航天、文教娱乐、工业设计、文化旅游等领域。

虚拟现实技术可以从两个方面改变现实世界：一是让人类的决策变得

更加科学，可以先在数字空间进行充分论证，然后再实际实施；二是可以使人们的生活更加丰富多彩。

二、虚拟现实研究领域的形成

（一）虚拟现实技术的发展历程

虚拟现实技术的发展历程[3]共有四个阶段：

第一阶段（1963 年以前），有声形动态的模拟，最早的虚拟现实系统创立方法，通过多感官的模拟器，增加了人对听觉、嗅觉和触觉的体验。

第二阶段（1963—1972 年），虚拟现实萌芽阶段，“计算机图形之父”伊凡·苏泽兰（Ivan Sutherland）创建出具有显示功能的头部跟踪设备，使用它可随时改变使用者的立体视角。

第三阶段（1973—1989 年），虚拟现实概念产生和理论初步形成阶段，二维空间的图像处理技术得以完善。20 世纪 80 年代中期，美国宇航局艾姆斯研究中心通过单色显示器技术创造了虚拟世界环境，而发明人杰伦·拉尼尔（Jaron Lanier）第一次正式提出虚拟现实技术概念。

第四阶段（1990 年以后），虚拟现实理论完善和应用阶段，虚拟现实技术从理论转向实际应用，广泛应用于科研、航空、医学、军事等领域。

未来，虚拟现实技术大体上有如下几个发展趋势[4]。首先，虚拟现实技术将会与人工智能（Artificial Intelligence，AI）技术及其他相关领域技术结合，使其特征由“3I”成为“4IE”，即虚拟现实系统会具有智能和自我演进演化特征；其次，在虚拟现实建模技术方面，将从以几何、物理建模为主向几何、物理、生理、行为、智能建模发展；再次，在交互技术与设备方面将会出现一些颠覆性技术，比如触感、温湿感交互和味觉等应用。

2016 年，国际消费类电子产品展览会（International Consumer Electronics Show，CES）上，机器人和虚拟现实成为新宠。不久的将来，机器人和柔性屏幕将出现在人们的生活中，甚至可能被叠加全息图层，形成人类需要的媒体，而且只需要通过手势控制即可完成和后台系统的交互。

近几年，虚拟现实技术产业受到市场和资本的广泛关注，虚拟现实领域掀起了商业化、普及化浪潮。国外 IT 企业频频拓展市场，比如，OculusVR 推出 Oculus Rift，HTC 推出 HTC Vive，Sony 推出 PSVR，Google 推出 Cardboard 等虚拟现实产品，国内腾讯、小米、华为、百度等各领域巨头公司及创业公司也蜂拥而至。目前从事沉浸式虚拟现实设备开发的公司已超过百家，3D 电影、虚拟现实游戏、360 度全景视频和图片成为主要的运用方向[5]。

（二）虚拟现实产业发展的整体环境

从我国的政策及经济层面来看，“互联网+”行动计划、“大众创业、万众创新”和“产学研”各项政策不断扩大，居民收入保持较快增长，物价保持稳定，居民购买力提升，享受型消费占比不断提高。从产业层面来看，手机制造产业链完善，虚拟现实设备传感器、液晶屏等价格不断降低，采购方便。我国电信消费占居民收入比例高于发达国家水平，这也不断推动互联网，特别是移动互联网的发展。大屏幕智能手机、智能电视、高清电视和高清视频资源日益增多，“85 后”“90 后”及“00 后”消费者娱乐消费能力和对网游、视频、电影的付费意愿增强，使得谷歌、微软、索尼等 IT 龙头企业不断推动虚拟现实技术发展。

国外各国政府也制定虚拟现实相关的研究发展规划，大力推动虚拟现实技术研究。美国政府 2016 财年预算请求报告提出“国家网络与信息技术研发计划”，每年投入 8 亿美元开展人机交互和信息管理研究。欧盟投入 800 亿欧元的“地平线 2020”计划中涉及智能人机交互四项。日本政府 2007 年发布的“创新 25”战略，“虚拟现实”技术已被纳入其中。韩国政府 2004 年也开展“U-Korea”战略——国家信息化战略相关技术研究布局。

从“十二五”开始，我国虚拟现实技术受到国务院、科技部、工业和信息化部等相关部门的高度重视和支持，在虚拟现实与数字媒体技术研发支持方面已取得了阶段性成果，缩小了与发达国家的差距。如浙江大学、北京理工大学、华南理工大学、解放军信息工程大学、北京航空航天大学等知名高校研制的 3D 实时渲染引擎等虚拟现实关键技术已达到国际同类产品先进水平，取得自主知识产权，应用在网易、中南卡通等国内知名企业应用服务平台。华为、中兴、海尔、海信、科大讯飞、联想等中国企业均制定虚拟现实自然交互研发的规划，还有不少创业型公司也投入到虚拟现实的研发中。随着大量头戴手机盒子、一体式/外接式头戴显示器等沉浸式虚拟现实设备推向消费市场，中国虚拟现实市场规模大幅提升，虚拟现实设备生态圈已初步形成，内容、服务等营利模式逐步成熟[6]。

三、虚拟现实技术的应用领域

（一）国防军事[7]

许多科学技术都是先在军事领域得到应用的，包括虚拟现实技术。美国在 20 世纪 80 年代初研发了当时著名的系统 SIMNET，并运用在美国、英国和德国的飞机、坦克模拟器上，通过远程网络连接在一起，构成分布式虚拟战场环境，进行异地的军事训练。此后，美国又陆续研发了各军兵种和综合化的虚拟现实军事训练系统 JSIMS、JMASS、STOW 和 WARSIM2000 等，并形成了支持分布交互仿真的 IEEEDIS 标准。2014 年，美国国防高级研究计划局在五角大楼展示了未来战争中的士兵增强现实感知技术，作战人员在战场上通过头戴设备可以看到整个战场态势，分辨敌军我军及接受作战指令等。虚伪现实军事训练系统的优势是可以构造任何作战地形环境和作战目标，节约大量经费，目前美军 40%的军事训练是在虚拟现实、增强现实环境下进行的。

（二）装备制造

20 世纪 90 年代，美国波音公司将虚拟现实技术运用到波音 777 飞机的各种管线布局设计中。梅赛德斯—奔驰、宝马、丰田等著名汽车公司在新车设计中也采用虚拟现实技术研发虚拟样车，设计人员可以在沉浸式虚拟样车中体验新车性能和舒适感，进而改进设计，大大缩短研发周期和降低研发成本。在我国，北京航空航天大学与中国商用飞机有限责任公司合作研发了虚拟飞机驾驶舱，飞机驾驶员在沉浸式环境中可以自如地对飞机仪表的布局、色度和飞机起落时的光照进行测试和改进设计。

（三）医疗健康

虚拟现实技术在医疗健康领域极具发展潜力。牙科手术模拟器、心血管介入手术模拟器以及腹腔镜手术模拟器等方面都可以引入相关的虚拟现实产品，医疗健康领域也将因虚拟现实技术的应用而产生重大变革。

虚拟现实技术对康复治疗及训练也可以发挥积极的作用，运用沉浸式虚拟环境可以帮助治疗恐高症、自闭症、心理疾病等，还可以进行肢体的康复锻炼。

（四）电子商务

试穿镜是虚拟现实技术较早也较为成熟的应用，在我国电商平台已经广泛地使用。通过虚拟现实技术，不但可以看到商品的逼真三维形象，还可以进行首饰、服装等的试看、试穿。

（五）体育领域

虚拟现实技术具有的感知能力、交互性、沉浸感及仿真特性，刚好符合体育运动项目参与者对多种感觉（如视觉、听觉、触觉和嗅觉等）的需求。虚拟现实技术与体育比赛的结合，可以使观众身临其境。

（六）文化保护

基于虚拟现实技术构建的虚拟博物馆和虚拟科技馆，可在文化保护方面发挥作用。无论是物质文化遗产的呈现，还是非物质文化遗产的呈现，虚拟现实技术都可以使观看者穿越时空体验历史文化。例如圆明园的复原景象，是可以通过虚拟现实技术展现给世人的。

（七）教育培训

通过虚拟现实技术可以实现沉浸式、交互式物理、化学及医学的实验教学等。虚拟现实技术应用给教育领域带来了极大的发展空间，教学从文字和图片的二维空间转变成三维空间，更接近真实的教学环境。教育部发布的《教育信息化 2.0 行动计划》提出加强高等学校虚拟仿真实训教学环境建设[8]。

（八）娱乐游戏

虚拟现实技术在家庭娱乐方面已经呈现出很好的应用前景，这是未来家庭、个人娱乐的新形式。虚拟现实技术也在艺术领域迅速扩张，将静态艺术转化为动态艺术的体验正是虚拟现实技术的独特魅力之所在。

随着人们对虚拟现实娱乐体验需求的日益升温，三维的表现模式逐步取代二维平面图像的模式。随着三维虚拟仿真平台技术的日渐完善，它将给人带来三维游戏顶级的视觉享受、全方位的立体展示及无缝衔接的场景转换，虚拟现实游戏必将快速占领全球市场，为人类经济发展做出突出贡献[9]。

第二节 虚拟现实技术的特征与分类

一、虚拟现实技术的特征

虚拟现实技术是通过计算机及各类传感器组成的可实现模拟实际场景的数字系统[10]，从 20 世纪 80 年代发展至今，计算机技术及传感器元件性能的不断升级都为虚拟现实技术的实现奠定了基础。虚拟现实技术的特征可归纳为多感知性、交互性、构想性和沉浸性（图 1-1）。

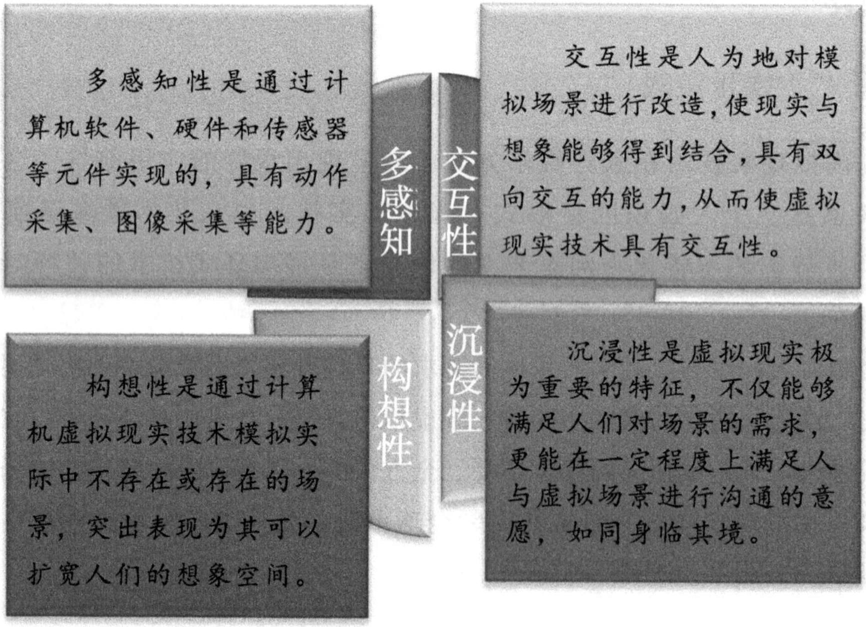

图 1-1 虚拟现实技术的特征

另外，从构成虚拟现实技术的主要构造就能看出，虚拟现实技术融入了计算机技术和传感器技术。因此，虚拟现实技术除了拥有上述四个特征外，还具备一些计算机技术的特征，具有一定的信息处理、数据分析的能力，还具备图像、音像采集播放的能力。

二、虚拟现实系统的分类

虚拟现实应用的根本目标是达到自然的真实体验，因此，能够达到或者部分达到这样目标的系统就可以被称为虚拟现实系统。交互性和沉浸感是虚拟现实的两个实质性特征，虚拟现实系统按其交互和沉浸程度的不同，可以分为以下几类[11]。

（一）桌面式虚拟现实系统

桌面式虚拟现实系统（Desktop VR）仅使用个人计算机来产生三维空间的交互场景。它把计算机的屏幕作为用户观察虚拟环境的一个窗口，也被称为窗口虚拟现实系统。参与者需要手拿输入设备或位置跟踪器来驾驭虚拟环境和操纵虚拟场景中的各种物体。

（二）增强式虚拟现实系统

增强式虚拟现实系统（Augmented VR）也称叠加式虚拟现实系统。系统在允许用户对现实世界进行观察的同时，通过穿透型头戴式显示器将计算机虚拟图像叠加在现实世界之上，为操作员提供与他看到的现实环境有关的、存储在计算机中的信息，从而增强操作员对真实环境的感受，因此又被称为补充现实 VR 系统。

（三）沉浸式虚拟现实系统

沉浸式虚拟现实系统（Immersive VR）是一种较高级的虚拟现实系统。此系统利用头盔显示器和数据手套等各种交互设备把用户的视觉、听觉和其他感觉封闭起来，使用户真正成为虚拟现实系统内部的一个参与者，并能利用这些交互设备操作和驾驭虚拟环境，产生一种身临其境、全身心投入和沉浸其中的感觉。

（四）分布式虚拟现实系统

分布式虚拟现实系统（Distributed VR，DVR）是基于网络的虚拟环境，在沉浸式虚拟现实系统的基础上，将位于不同物理位置的多个用户或多个虚拟环境通过网络相连接，并共享信息，从而使用户的协同工作达到一个更高的境界。

第三节　增强现实技术的概念与研究现状

一、增强现实技术发展概况

20 世纪 60 年代，计算机图形学的创立者伊凡·苏泽兰特及其学生共同构建出增强现实系统模型[12]。自此，大量研究人员投入增强现实系统的研究工作，北卡罗来纳大学实验室、美国阿姆斯特朗实验室、NASA 埃姆斯研究中心等相继建立起来。20 世纪 90 年代中后期，全球每年数以万计的研究人员有机会交流增强现实系统的最新技术及研究成果。

近年来，增强现实系统实验室设备价格下降，研究成本也随之减少，进一步引发了增强现实技术研究的热潮。目前，国外从事增强现实研究的高等院校及科技公司有哥伦比亚大学、麻省理工学院、华盛顿大学、剑桥大学、东京大学、西门子公司、索尼公司、美国施乐公司等。与此同时，美国军方也开始了增强现实的相关研究[13]。

国外学者对于增强现实技术的研究主要集中在以下两个方面。一方面是对增强现实技术注册、跟踪算法及显示技术的改进。其中，加拿大多伦多大学基于人机交互环境中计算机生成的虚拟信息与真实场景的比例关系，计算出准确度良好的虚实关系图谱，最终构建出一个以双目视差排列为基础的可见点遮挡方法，在改善远程操控精度的同时，也能够增强系统在面临障碍物状态下的注册与跟踪精准度。日本增强现实实验室提出了一套全新的动态注册方法，该注册方法能够实现人机的无排斥交互，同时成功研发了相应的增强现实系统：用户只需要佩戴相关的设备，即可身处一个小型的曲棍球场进行运动。在使用这一系统的过程中，所有使用者都能够和其他使用者进行接触，由于动态注册的方法较为先进，能够对不同使用者交互行为的延时进行控制。而研究的另一方面则是对增强现实应用软件的开发。目前，国外增强现实技术进入到了一个蓬勃发展的阶段，发展速度快、成果众多，在教育、地理信息导航、医疗及军事领域均有所应用，值得我国学习和借鉴[14]。

在教学实验中，美国华盛顿大学联合日本索尼公司共同开展实验，开发出《神奇书本》软件，实现对增强现实技术的完美运用。哥伦比亚大学开发出的增强现实软件能够在移动设备中运用，将增强现实技术运用于学校的官方软件中，通过为真实的校园景点添加相应的多媒体信息，帮助游客更快、更全面地形成对景点的了解。西班牙开发出一个有趣的魔术系统，能够实现不同用户的头部互换。日本索尼公司则着眼于自身的强项，将增强现实技术运用到游戏开发中，在索尼公司的游戏中，怪兽造型逼真，仿佛就存在在真实世界中 [15]。

近几年来，增强现实技术的应用也出现在体育领域。2016 年，增强现实设备 Hololens 官方发布的一段为“超级碗”预热的视频中，微软及其合作伙伴美国职业橄榄球大联盟（NFL）介绍了混合体育比赛和电子游戏元素的赛事观看新体验。2017 年，加拿大科技公司推出的“交互式体育馆”项目，通过增强现实技术，打造了一个增强现实式的互动体育馆，使传统的体育课变得活力非凡。以增强现实技术为基础的应用种类繁多，但受硬件设备的制约，该技术的发展仍然较为缓慢。

国外增强现实技术的研究较为成熟，成果众多。而我国增强现实技术的相关研究则相对滞后，规模也较为有限[15]，主要以高等院校、科研单位为研究主体，具体包括北京理工大学、西安电子科技大学、上海大学、北京航空航天大学等。其中，北京理工大学在增强现实技术发展方面的贡献最为突出。从研究内容来看，国内增强现实技术的研究多集中于配准技术。其中北京理工大学以动态注册为主要方向的研究具有前瞻性和巨大价值[16]。整体来看，国内高等院校对于增强现实技术的研究仍然存在进步的空间，实际应用开发的研究成果数量较少。还有一些大学在增强现实技术的研究上有比较突出的成果。其中，国防科技大学将虚拟演播室的三维注册、虚实融合及虚拟摄像控制技术等作为研究重点，取得了前瞻性的成果；而浙江大学的章国峰博士则侧重于增强现实注册算法的相关研究。

2010 年，央视体育频道播放的节目利用增强现实技术对南非世界杯的不同球场进行展示，而且随着镜头的变化还会有视角和纵深的变化，实现了对世界杯赛事的生动解读。自此，增强现实技术开始在电视节目中大量运用[17]。2015 年 10 月 17 日，首届长城马拉松赛事顺利落幕，赞助商“幻视”则将增强现实技术贯穿于赛事全程，这是国内增强现实技术在体育赛事中应用的少数案例之一。“幻视”实现了虚拟与现实的结合，参赛选手可以通过“幻视”查询马拉松的具体路线以及能量补给站的位置，为数字体育行业应用新技术提供了参考方向。

二、增强现实技术在教育领域中应用的研究现状

近年来，国内外研究人员致力于增强现实技术在体育与教育领域中的应用研究。《基于 A.R.技术的体育电视节目设计与实现》(2014) 通过具体事例详细介绍了如何利用增强现实技术弥补现有体育节目直播的缺憾，证明了增强现实技术强大的应用潜力[17]。《基于 VR，AR，MR 技术融合的大学体育教学应用研究》(2017) 提到增强现实技术在体育课程教学中的应用设计观点：在增强现实技术的作用下，可以以 3D 动画、2D 动画等不同方式，以多媒体形式来呈现教学内容，将无趣的书本知识转变为记忆度更高的立体化教学场景，更直观和有趣地展现技术要求，能够有效增强学生对于知识学习的积极性，降低其记忆重点、难点知识的难度，从而提高教学水平，达到教学目的[18]。《VR 和 AR 技术在冬季体育项目中的

应用》(2017)通过研究虚拟现实技术和增强现实技术在冬季体育项目推广、运动员训练和赛事报道中的应用前景，阐述了其对2022年冬奥会的实际意义[19]。《儿童体育活动课程中增强现实体育游戏的设计与应用》(2018)探索增强现实体育游戏设计、应用与发展，界定了增强现实体育游戏的概念及结构要求，梳理了其设计与应用原则，探讨了其作用和特点[20]。《四年后，AR能否成奥运标配》(2016)论述了增强现实行业目前存在的几个问题，主要有交互技术、内容匮乏、技术瓶颈以及标准不统一，并针对增强现实应用在奥运会比赛项目中的运用进行了总结与展望[21]。博士学位论文《面向教育应用的增强现实系统关键问题研究》(2015)围绕增强现实系统的教育应用创新、系统设计和教育适用性评估三个方面开展研究工作，提出了一种基于教育理论的增强现实教学辅助系统创新方法、一套基于人机交互模式和教学场景类型的增强现实教学辅助系统设计方法和一种基于推断性统计的增强现实系统教育适用性评估方法[22]。周俊平、侯守明在《增强现实技术及其教学应用的探索》(2016)中从增强现实的概念、工作原理及特点出发，分析增强现实在教学应用领域的现状，并探讨其发展前景[23]。《增强现实教育应用产品研究概述》(2016)通过阐述增强现实技术的概念、特点及教育优势，着重介绍了2010—2016年间国内外增强现实教育应用产品的新进展，进而分析了其在技术开发、功能设计等方面所呈现的新特点，并对其发展趋势进行了展望[24]。《增强现实技术在教学中的应用研究》(2017)分析了增强现实技术的特征，并在教学应用研究的基础上，探索基于增强现实技术的教学应用方式[25]。《增强现实课件的开发与应用研究》(2017)提出了将增强现实技术引入教学课件的想法，即借助增强现实课件让二维的图片呈现三维显示效果[26]。《增强现实在教学中的应用及范例设计》(2017)针对不同的教育对象、内容和阶段的增强现实技术应用做出案例采集、分析和对比，在此基础上提出了基于增强现实技术所支持的五种教学模型；结合具体应用例子对增强现实技术进行一定的说明，证明增强现实技术的实践性以及理论性[27]。《增强现实(AR)技术的教育研究现状及发展趋势——基于2011—2016中英文期刊文献分析》(2017)提出了增强现实作为一项新的教育技术，存在着一些如优质增强现实教育资源稀缺、增强现实定位精度与边界不清晰等问题[28]。《浅析增强现实技术在教育方面的应用》(2017)详述了增强现实技术在教育事业中的应用[29]。《增强现实(AR)技术在教育中的应用案例研究》(2017)分析了增强现实在各个不同教育领域中的应用案例，研究了增强现实在现代教学中的发展潜能和趋势，总结出增强现实在教育应用中展现出的优势、不足，并给出相应的解决对策[30]。

整体来看，我国增强现实技术在体育及教育领域的相关研究仍然相对滞后，亟待发展和丰富。当前，各个高等院校及科研机构是研究增强现实技术的主力军，但研究范围相对狭窄。与此同时，绝大多数的增强现实系统正处于理论研发的阶段，无法投入实际生产，仅有部分增强现实技术能够运用于实际生产中，具体功能也较为单薄。另外，增强现实系统的开发成本昂贵，因此只在一些专业性较强的尖端领域运用，普及的难度较大。伴随着增强现实技术的发展，增强现实技术终究会在社会范围内广泛应用，其发展前景不可限量。

由于国外的增强现实技术研究起步较早，发展速度较快，所以已经在众多领域应用，如教育、工程设计、地理信息导航、医疗、军事等。其中，美国华盛顿大学和索尼计算机科学实验室将增强现实技术应用到了教学实验中，开发了一套《神奇书本》应用软件。它的奇妙之处在于可以按照书本中所描绘的内容生成与之相关的虚拟物体，并通过实时显示设备呈现一个虚实结合的环境。读者不仅可以直接阅读书中文字，还可以在同一“场景”中与其他“读者”进行交流。美国麻省理工学院媒体实验室利用增强现实技术实现了多用户台球游戏系统，利用基于颜色特征的边缘检测方法，不仅辅助了多用户之间进行游戏的规划，而且提高了用户的瞄准精度。南澳大学高级计算研究中心把增强现实技术应用到了军事领域，将特殊的头盔显示器和 GPS 相结合，把士兵的位置、特点、行为等增强现实信息实时地发送到虚拟的指挥中心，模拟出了军事演习训练的一系列过程，这样不仅可以达到完成训练的目的，同时也可以减少军事费用。欧洲计算机工业研究中心将增强现实技术应用于机械模型的设计中，可以在构建机械模型的同时，在视频信号的正确位置上出现各个部件的附加说明信息，方便用户操作。

另外，由于近些年移动通信技术快速发展，越来越多的研究人员和爱好者们开始不断地尝试在智能手机上实现增强虚拟现实的应用，并取得了一定的成果。这些应用主要是为了满足用户交互式浏览方面的需求。目前比较成熟的智能手机上的增强现实浏览器类型有 Layar Augmented、Reality browser 和 Around Augmented Reality browser 等。

同以往虚拟现实相比，增强现实通过虚拟场景与真实世界的完美结合，在不降低场景美感的同时使人更具有沉浸感，给人一种身临其境的感觉。同时，在某些复杂或危险的工程实践中，利用增强现实技术能够在保证安全的情况下为工程师提供必要的信息，从而达到事半功倍的效果。

第四节　增强现实技术理论与关键技术

一、增强现实技术理论

（一）增强现实技术概述

增强现实是指在真实环境中叠加虚拟物体，从而达到二者相互融合效果的一门技术，它基于虚拟现实，是当前计算机图形及视觉领域研究的重点方向和讨论热点，实现了人与虚拟场景的真实互动[31]。实际上，增强现实技术是对虚拟现实的扩展，其运用前景无限广阔，具有良好的发展空间与成长能力。无论是在幼教图书中，还是在大规模的军事演习系统中，都能够应用增强现实技术。

增强现实技术除了传统的智能设备，还可以通过体感、语音等更好地完成增强现实的体验实现。体感、语音可以将原本的物理操作按钮变成使用手势、体感和语言来控制，控制的对象也变成虚拟物体、虚拟功能菜单。

虚拟增强现实技术能完成现实物体上动态虚拟物体加载功能，达到“虚中有实，实中有虚”的境界。

近年来，智能终端的发展进入到一个全新的阶段。随着互联网技术的进步、体感设备的研发与生产加快，增强现实技术有了发展的土壤和生存的空间。通过增强现实技术，能够实现虚拟世界和真实场景的融合。在人机交互效果上，也能够有效地改善人的感官体验，如通过虚拟汽车装配系统，能够帮助用户观察到汽车内部相同零件的运作状态以及行驶效果。

一个健全的增强现实系统中，同时存在摄像机坐标系、屏幕坐标系以及标识物坐标系。需要先标定摄像机，准确定位摄像机与标识物之间的距离关系，再借助计算机，将虚拟物体投影在真实场景中。对增强现实技术而言，“虚实相生”是其最重要的特征之一。因此，为了实现虚构与真实的完美融合，还需要实时渲染放置在真实场景中的虚拟物体，增强现实有以下三个特性：

（1）在真实环境中融入虚拟物品或场景；

（2）能够实现交互、融合运行；

（3）真实场景与虚拟场景互相注册。

通过观察真实—虚拟连续性图谱可知，增强虚拟环境实现了虚拟环境到真实环境的自然过渡，具有良好的视觉体验效果（图 1-2）。

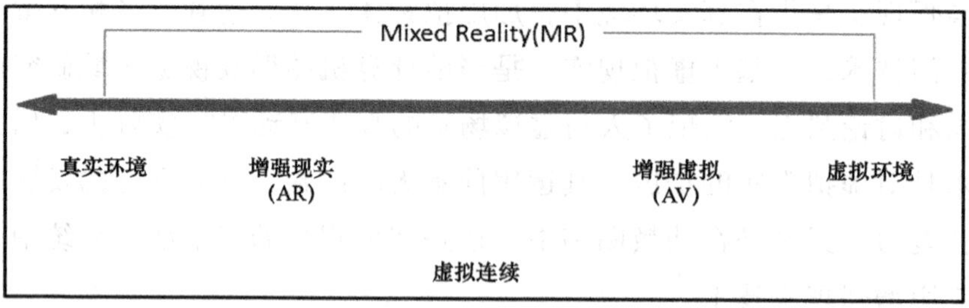

图 1-2　真实—虚拟连续性图谱

经过多年的发展，增强现实的呈现方式、现实设备等出现了明显的变化，但增强现实的本质依然不变。当前，增强现实系统以显示设备为重要窗口，呈现虚拟与现实结合的不同效果。一般情况下，增强现实的显示设备由不同的光学、电子以及机械原件构成，从而生成能够对物理显示进行增强的虚拟物品或场景。Bimber[32]按照不同类型的显示设备以及呈现方式，将增强现实的显示设备简单划分为头戴式、手持式（图 1-3）。

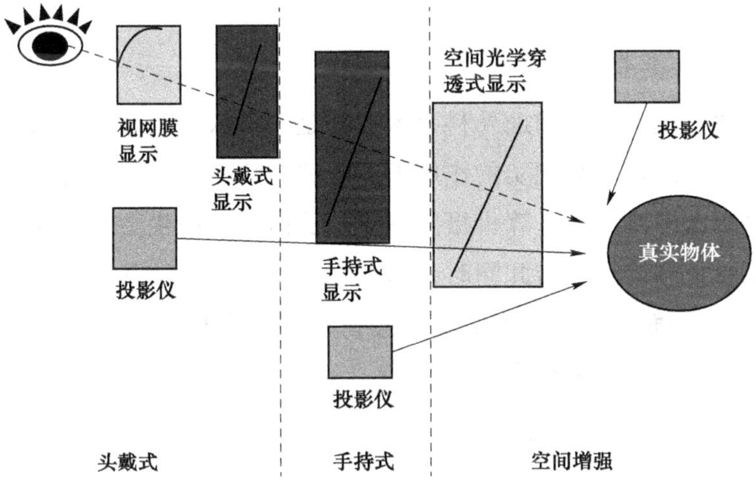

图 1-3　增强现实显示设备分类

头戴式具体包括：

（1）视网膜显示（Retinal Displays）。借助低能激光的作用，在人的视网膜上进行成像，所生成的图像亮度较高，对比度鲜明，适合在移动频率较大的户外使用。

（2）头盔式显示（Head-Mounted Displays，HMD）。具体包括视频透明、光学透明两种形式。其中，视频透明借助视频混合技术，而光学透明则借助光学组合技术。通过在用户的显示屏上显示已经添加了增强信息的物流环境，从而实现虚拟与真实的融合。当前，增强现实技术最主要的显示方式为头盔式显示。

（3）头盔式投影（Head-Mounted Projector）。利用分光镜，在观察者前方的投影面上反射微型投影仪的内容，和全息摄影存在相似之处。但与之有所不同的是，头盔式投影使用的投影仪设备为前向投影仪，在移动应用中的发挥余地较大。

手持式显示则包括了全部的智能终端，以及组合了显示器、交互系统的移动设备，可以将头戴式显示器和手持式显示器一并称为佩戴式显示器。

（二）增强现实技术的应用领域

1. 外科手术与医学研究

借助增强现实系统辅助外科手术，这是当前医学领域应用增强现实的重要方式之一。在增强现实的作用下，能够在病人的身体部位叠加病人的核磁共振图像以及其他计算机摄影图像，从而帮助医生更加全面、准确地了解病患的身体情况。与此同时，增强现实技术也能够帮助医生在手术的过程中更加准确地把握具体手术位置，并为医生提供手术步骤的提醒信息，帮助医生有条不紊地完成手术[33]。

2. 机械制造、装配与维修

在机械制造和维修领域中，可以通过生动的 3D 图形来表示较为复杂的制造手册以及维修指南等。与此同时，还能够结合真实的生产场景对工程技术人员进行直接、直观的现场辅导。对比手册，工人能够更为迅速地理解图像与文字，通过 3D 图形的重叠，还可以更加科学的方式对工人工作进行指导。另外，增强现实系统能够为工程技术人员提供大量丰富的信息，进而降低其工作负担，提高工作质量及整体工程的效果[33]。

3. 注释及注解的可视化

通过增强现实技术，能够解释、说明一定的环境和事物，这也是目前增强现实运用的主要方向之一。例如：在图书馆中，用户在浏览图书时可以自行配置增强现实的相关设备，从而更加直观地观察图书馆内的不同信息，如书架的分类、图书的具体内容。欧洲计算机工业中心的研究结果发现：用户只需要对某一模型的部位进行指认，增强现实系统就可以向用户提供这一部位的名称。与此同时，系统还能够根据用户的实际需要完成对用户个人物品的注解，如为老年人提供提醒用药的服务[33]。

4. 生活与娱乐

当前，增强现实系统已经应用于日常生活之中，如地图导航、商场购物等。目前，哥伦比亚大学推出的“MARS 校园导航系统”具备校园导航、介绍教学楼等基本功能。而索尼公司则针对学校、商场、博物馆等不同主体，设计出相应的增强现实系统[33]。

5. 军事应用

军事领域对于增强现实技术一直保持着积极的态度，取得的成果也较为丰富。当前，美国军方以虚拟现实技术的目标跟踪为研究重点，希望能够在军用飞机武器瞄准上取得突破。与此同时，增强现实技术还能够帮助飞行员对环境中的目标进行定位，开拓了视野，同时也能改善武器的瞄准精度，为飞行员提供作战时的导航信息[33]。

二、增强现实关键技术

（一）显示技术

视觉是人在与自然环境或人文环境进行接触的过程中进行真实交互的手段和渠道，同时从环境中获得大量信息。当前，存在大量的增强现实系统显示设备，除去透视头盔，还包括智能终端显示屏幕以及其他显示设备。

1. 透视式头盔显示器

在增强现实系统中，头盔显示器能够为用户营造良好的沉浸感，它主要包括光学镜头、显示部件以及头盔体三个部分。当前，增强现实系统中使用频率最高的头盔显示器为透视头盔，它包括三个通道，分别为真实环境、虚拟环境、融合环境的显示通道。其中，虚拟环境现实通道和普通头盔显示器的原理一致，而图像融合显示通道则能够实现和用户的交互。透视头盔有两种不同的类型，分别为视频透视式头盔显示器、光学透视头盔显示器。

20 世纪 90 年代，LEEP 镜片正式问世，这一透视镜的优点在于采用专业的光学镜头对图像进行映射，从而保证用户能够看得更加清晰，与此同时还能够确保出现在显示器中的图像和虚拟环境中的物体大小保持一致。另外，由于图像和用户的眼睛保持一定距离，因此用户不会产生视觉疲劳。

对比来看，头盔显示器的视觉体验较好，人无需用手托着，佩戴在头部即可完成观赏。但由于头盔显示器的体积较大，若长时间佩戴，用户会出现头疼、颈部酸痛等情况，因此需要其他类型的设备来补充。

2. 移动终端显示器

与头盔显示器相比，手持设备显示器具有明显较高的便捷性和舒适性。用户无需佩戴沉重的头盔，用手拿着显示器即可观看。然而移动终端显示器的沉浸感较差。市面上的首个手持设备为 Navicam，为了实现虚拟物品和真实环境的融合，该设备选用的显示屏为 LCD 显示屏。华盛顿大学研究的增强现实系统采用的是以视觉为基础的跟踪注册技术，同时在真实的书籍上渲染三维图形，从而达到了很好的效果。用户能够真实地体验虚拟的场景，该设备的沉浸感较强。

随着互联网计算和计算机技术的蓬勃发展，不同类型的智能终端出现在人们的视野中。这些智能终端功能丰富、性能强大，为发展移动增强现实产品搭建了良好的平台。目前主流的智能手机，如 iPhone 等均内置摄像头、GPS 及传感器，同时显示屏的清晰度较高，具有良好的便携性，是搭载增强现实技术的重要平台。

3. 其他显示设备

计算机屏幕显示器能够契合不同桌面级用户对于增强现实的需求，这种显示设备主要适用于室内，并且具备将图像投射到较大环境的功能。随着用户视角的改变，生成的图像不会发生变化。另外，投影仪能够在真实环境中投影虚拟物体，并对真实环境中物体表面的纹理、光照状态进行调整。由于该设备的造价成本较低，因此在用户较多、较为低端的增强现实系统中大量应用。该显示器的缺点在于缺乏沉浸感。

双眼全方位监视器为立体化显示设备，它能够对实时的交互行为进行检测。与其他立体显示设备不同的是，该设备的延迟较小，并不会产生巨大的噪声，与此同时，在电磁场和超声波的环境下，显示器的成像并不会产生变化。然而，由于双眼全方位监视器采用了机电式的跟踪器，因此用户活动的范围相对有限，难以便携，应用范围相对狭窄。

除以上显示设备，还存在以 MicroVision 公司推出的 Nomad 为代表的视网膜显示器。利用这个显示器，系统能够在视网膜上投射虚拟的图形。在该设备中，有一个高效的激光器，它能够以激光脉冲的形式输出不同数字图像的像素。微机电的反射镜会对数字图像中激光脉冲的位置进行定位，然后向对应位置进行光学投影，最终反射光线到视网膜中。这一显示器的优势是设备体积较小，便携性强，能够对输出光线的强度进行调节，所获得的景深较大。

（二）跟踪注册技术

要实现虚拟物体和真实环境的融合，增强现实系统必须在现实世界的正确位置放置虚拟物体。一般情况下，将定位虚拟物体的过程称为注册[34]。注册的完成，需要从真实的环境中获得真实的空间数据，虚拟对象和观察者的位置保持相对关系。也就是说，增强现实系统必须对观察者在真实场景中所处的位置、头部的方向以及肢体运动的方向做实时的检测，而这一过程则被称为跟踪。在增强现实系统中，注册的实现离不开跟踪，它不仅需要观测观察者的具体位置，还需要借助交互操作以及具体的标识物来识别空间的准确位置数据。

当前，应用于增强现实系统的跟踪注册技术具体包括以下几种：

（1）视频监测：通过模式识别技术、模板匹配、边缘检测等手段，对已经定义过的标识物进行识别，依照其转动和偏移的具体情况对坐标转换矩阵进行计算。

（2）光学系统：借助 CCD 测量器，对不同目标物体上的 LED 光线进行测量，进而计算角度，并通过角度获得目标物体的方向与距离。

（3）GPS：在户外增强现实系统中安装 GPS 装置，对用户的地理位置进行跟踪和定位。

（4）超声波：和 GPS 的原理基本相同，借助测量接受装置及超声波的距离对使用者的距离进行判断。

（5）惯性装置：基于惯性原理，对使用者的速度、加速度进行衡量。

（6）陀螺仪：对使用者头部转动的角度进行测量，从而确定如何对虚拟物体的坐标进行转换。

（7）磁场：借助感应线圈的磁场对用户与人造磁场的记录进行判断，最终确定目标的方向。

对增强现实系统而言，注册技术是关键技术，对增强现实系统的整体性能产生直接作用[35]。在进行注册时，必须获得来自真实场景的空间数据。跟踪则是指系统对观察者视野以及视高的检测，同时还包括对交互操作的动作跟踪。在增强现实系统中，用户头部一旦转动，其视点以及朝向都会发生相应的改变。因此，对用户头部的空间定位是跟踪的主要任务。如果跟踪系统无法对增强现实系统中用户的视野中心点位置以及方向进行定位，增强现实系统的虚实融合则会产生较大的误差。

而跟踪定位技术和虚实配准技术相互配合，二者不可分割。其中，跟踪定位技术不仅需要每时每刻地检测观察者的视点，同时还需要获取交互设备、场景标志物中取得空间位置的关键信息。在评估增强现实系统跟踪注册技术的性能时，主要评价的依据为跟踪注册技术的准确性、操作范围及鲁棒性等。

综上所述，在设计增强现实系统的跟踪注册系统时，应当确保系统的精确性和响应速度。与此同时，还应关注增强现实跟踪注册系统的跟踪范围及刷新频率。

（三）交互技术

在增强现实技术中，最基础的技术为交互，交互技术深刻地影响着增强现实系统的适用性。在研究交互技术的过程中，可以根据交互手段的差异，将其划分为两种类型：第一种交互手段为硬件设备，第二种交互手段则通过菜单、键盘等其他工具来实现用户与系统的交互。在第一种交互手段中，系统的开发成本较高，对以后的应用扩展会产生负面影响。因此，借助菜单、键盘等其他工具来进行交互是目前研究人员的主要手段。

1. 人手交互

人手交互的成本较低，能够避免由于费用高昂应用后期难以拓展等问题。但在人手交互技术中，需要从周围环境中提取出人手的相关信息。目前，有两种方法对人手进行检测，一种以数据手套检测技术为基础，而另一种则以视觉检测技术为基础，前者的操作难度较大，因此在具体的实践过程中一般采用以视觉检测技术为基础的方法。

2. 鼠标交互

在增强现实的交互手段中，鼠标交互的应用范围也相对广泛，设定虚拟物体只需要单击鼠标即可实现。然而通过鼠标进行控制无法获得该点的三维坐标，而仅仅能够得到某一时刻该点的二维坐标。基于计算机视觉技术，利用摄像机拍摄的图像，并计算不同图像中相同一点的二维坐标的旋转变换矩阵，即可得到三维坐标[36]。

在场景中事先导入完成录制的视频文件时，由于拍摄过程中角度会发生改变，因此能够获得不同时刻截取的图像。此时，在图像上用鼠标单击出位置相同的点，即可对这两点的变换矩阵进行计算，最终获得三维坐标，完成注册跟踪，实现虚实结合。

3. 标识物控制交互

实现标识物控制交互的重要前提是必须在增强现实系统中采用以

标识为基础的三维注册法。这一交互具有良好的时效性，操作难度小，且与用户的使用习惯相符合，但并不稳定。与此同时，若使用标识物控制交互，则必须在现实场景中设置标识物，因此无法在无标识增强现实系统中应用。

4. 面向对象的菜单式交互

目前，国内外获取增强现实技术中真实场景数据的方法包括两种类型：第一种是借助摄像机取得相应的真实场景数据，第二种是借助数码相机取得相应的真实数据。通过面向对象的菜单式交互，只能对静态的图像进行捕捉，而无法对视频进行捕捉，因此形成的图像缺乏真实感。

当前，智能移动终端的发展十分迅速。由于手持设备便携性强、能耗低，在不同国家和地区的普及程度较高，因此有助于推动增强现实技术的发展。在人机交互进一步深入的过程中，计算机不再作为技术的核心，用户成为了软件设计的关键。触屏操作是人与移动设备交互行为中最自然、直接、易于掌握的人机交流方式，并含有丰富的交互信息，因此基于移动设备增强现实交互技术已逐渐成为人机交互领域的研究热点。

综上所述，通过对比分析当前增强现实技术领域中不同交互方法的优点与缺点，同时结合本研究的实际情况，最终以菜单交互的手段来实现人机交互。这样选择的原因在于导入的场景多为静态图片或 AVI 格式的视频，这意味着增强现实系统不再具备实时性。为了规避这一传统做法的问题，通过摄像头来获得实时图像信息，进而控制虚拟物体，帮助用户在视频场景中感受逼真的视觉体验。另外，由于长期形成的使用习惯，用户往往会倾向于通过单击按钮或者手动输入等方式来向计算机及智能终端发出命令，考虑到这一点，采用菜单交互能够帮助用户更加快捷、方便地使用应用。最后，使用菜单交互的方式能够满足用户对于系统的基本要求，同时所研究的应用相对稳定、实时性强。

第五节 我国高校游泳课程开展的现状

游泳课程是我国高等院校开设的常规课程，其目的是帮助学生掌握基本的游泳技能。通过游泳课程，学生的身体得到锻炼，对疾病的抵抗力不断提升，同时能够塑造良好的体型。与此同时，会游泳的学生还能够向溺水者提供救助[37]。大学生对游泳课程的热衷程度较高，但在高校的课程设置中，游泳课程多以选修课的形式出现，难以保证其完整性，学生所掌握的技能也较为简单。当前我国高等院校游泳课程存在的问题如下。

1. 教学创新不足

目前高校教学中，游泳课程的教学内容一成不变，这也是造成游泳课程停滞不前的主要障碍。在教学过程中，教师过度关注课程进度，将原本属于竞技类项目的游泳运动视为机械学习的内容，不强调游泳课程的适用性，学生的恐水心理并未得到正确的疏导，熟悉水性是游泳课程教学的重点和难点，初学者学习泳姿的顺序也需要放在教学重点中探讨。

2. 游泳设施不健全

我国部分高等院校并不具备游泳馆等设施，这对高校游泳课程的发展可谓是巨大的阻碍。当前，部分高校仅建露天游泳池，并以传统水面游泳设施为主要教学工具，缺少跳板、跳台等竞技类游泳设施。与此同时，这些设备的使用年限较长，维护和运营工作不到位，造成老化、闲置浪费等多重问题，难以真正发挥出作用[37]。

3. 缺乏先进手段

随着网络、素质教育的迅速发展，世界各国的教育进入一个全新的时代，但我国的教学方式较其他国家仍处于劣势，尤其是游泳等体育教学课程，传统的“注入式”“灌输式”教学方式仍然居于主导地位，这样的教学方式严重制约了学生的学习兴趣、态度以及创造力，阻碍了学生综合素质的提升。

高校体育从业者应当借助先进的科学技术，对游泳课程进行改革，实现资源的优化配置，并最终提升游泳课程的教学质量。要想解决高校游泳教学中存在的问题，就必须对传统的思想进行创新与解放，通过健全和调整体育教材，为学生提供更加多元、丰富、有趣的教学内容，培养学生良好的运动理念；合理利用游泳场馆设施；利用高科技手段减少游泳教学对场地的依赖。高校虚拟现实游泳教学系统实现了综合、新兴信息技术与体育课程教学的融合，为体育技术类课程教学提供更多的信息技术应用手段支持。打破体育教学时间、空间、天气的限制，为学生营造一种崭新的学习环境，培养学生的学习兴趣，提高学生掌握技术的能力，达到提升教学质量的目的。

本章小结

本章全面介绍了最为热门前沿的领域——虚拟现实。首先，介绍了虚拟现实的概念与研究现状、虚拟现实技术的特征与分类。其次，介绍了增强现实的概念与研究现状，以及增强现实的相关技术。虚拟现实和增强现实都是本书研究的重要内容。最后，对我国高校游泳课程的现状做了简要的论述，引出本书的主旨，即高校虚拟现实游泳课程教学系统的开发设计。

第二章

系统需求分析与总体设计

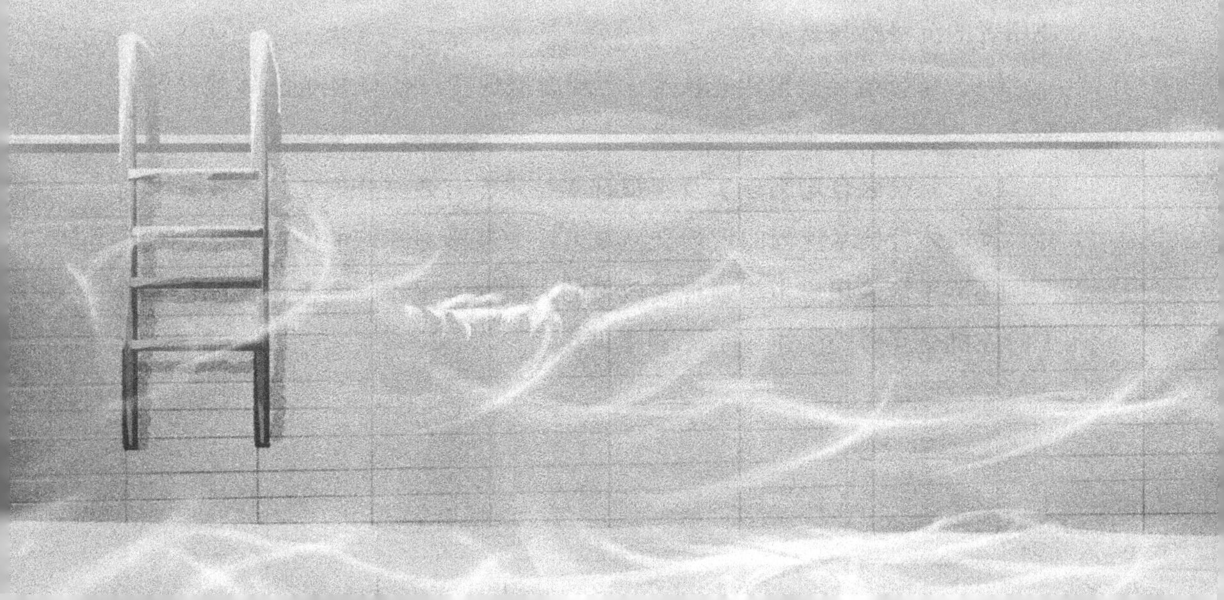

第一节　系统需求分析

一、高校虚拟现实游泳课程教学系统应用概述

高校虚拟现实游泳课程教学系统应用采用虚拟现实技术，根据学习内容和学习环境使虚拟和现实相结合，构建体育技术类课程——游泳课程虚拟三维学习环境，营造逼真的、身临其境的技术类课程教学交互学习环境，达到建立一种崭新的体育技术类课程学习模式的研究目标。本系统具有以下几方面的特点。

（1）系统使用最新的计算机图形技术精确还原游泳的真实场景。

（2）系统结合最前沿的体感技术输入方式——Kinect 动作捕捉，脱离传统的键盘和鼠标的控制模式，实现真正的人机交互，采用人身体控制操控计算机系统的方式。

（3）系统融合最新的虚拟现实沉浸方式，营造逼真的环境氛围，增强使用者的沉浸感与真实感。

（4）系统结合虚拟现实技术，实现虚拟现实设备与 Kinect 体感设备的衔接。

（5）系统融合增强现实及虚拟现实技术，有效结合现实的游泳教学内容，实现体育技术课程的增强交互效果及交互学习环境的创建。

（6）系统采用虚拟增强现实效果的人机交互操作，完善虚拟现实环境下的人机交互形式。

二、高校虚拟现实游泳课程教学系统的核心系统

（一）虚拟现实系统

虚拟现实技术应用于教学将营造出一种“自主学习”的环境，由传统的“以教促学”的学习方式转变为学习者通过自身与信息环境的相互作用来得到知识、技能的新型学习方式。虚实融合的学习环境能够为学生提供更好的学习体验，从而加速学生学习知识的过程。亲身经历、感受比空洞、抽象的说教更具说服力，主动地去交互与被动地灌输有本质的差别。在体育院校的技术类课程中采用虚拟现实技术构建出虚拟三维场景，能够让学生将原有的对课程的静态认知方式改变成动态的认知方式，真正体现出技术类课程虚拟互动体验效果的教学意义，使技术类课程教学不再受天气的影响，在室内也能进行教学。游泳是体育技术类课程中比较难掌握的课程之一，通过立体的虚拟交互环境，营造出逼真的、身临其境的感觉，使游泳课程能真正地实现与学生的良好交互，提高学生对游泳课程的兴趣，也可以减轻学生对游泳运动存在的恐惧感。

高校虚拟现实游泳课程教学系统采用虚拟仿真构建技术，根据游泳项目的运动形式和活动环境，营造逼真的、身临其境的游泳环境，结合体感交互技术，实现游泳项目虚拟交互的运动方式，建立一种崭新的体育运动模式。高校虚拟现实游泳课程教学系统运用 Kinect 设备获取虚拟环境里人体运动中的各种动作轨迹，采用虚拟现实设备展现虚拟环境，使三维人体模型在虚拟健身场景中活动，打造脱离真实环境的崭新的教学形式。

（二）增强现实系统

游泳教学的增强现实效果运用 Vuforia 高通 AR SDK 插件和 Unity 3D 应用开发引擎，将 3D 游泳视频增强加载于游泳教材上，原有教材上分解的动作图片和文字便可变成连续完整的游泳动作，加入交互技术还可以增加讲解等用户需要的功能。

增强现实技术除了依附传统的智能设备，还可以通过体感、语音等更好地实现增强现实的体验。增强现实技术能完成现实物体上动态虚拟物体加载功能，达到“虚中有实，实中有虚”的境界。本系统应用可以提高虚拟增强技术，达到游泳教学虚拟系统的增强现实效果，从而打造出更多体育项目的虚拟健身娱乐平台。

三、高校虚拟现实游泳课程教学系统的特色

高校虚拟现实游泳课程教学系统运用新兴信息技术与体育课程教学融合，为体育技术类课程教学提供更多的信息技术应用手段支持。打破体育技术课程教学时间、空间、天气的限制，为学生营造一种崭新的学习环境，培养学生的学习兴趣，提高学生掌握技术的能力，达到直观体现教学的目的。针对游泳课程可以在构建的虚拟三维环境中，改变现有游泳的教学模式，营造虚拟和现实相融合的教学环境，达到超越现实感官体验、增加教学的趣味性和实用性的目的。

高校游泳课程虚拟现实及增强虚拟现实教学环境能虚实融合地展现出游泳课程的各个环节，尤其是在对游泳技术的展示上和环境的模拟方面。学习者在高校游泳课程系统中可以使用 Kinect 体感设备达到逼真的人机交互体验，也可以使用虚拟现实设备在虚拟世界体验身临其境的感觉，还可以在增强现实效果的课本中体会学习的乐趣。

第二节　系统设计

一、系统定位

本书开发的应用系统是基于电脑、多媒体设备、体感设备及移动终端

结合的系统，使用个人计算机、多媒体设备及移动终端实现虚拟现实和增强现实的虚拟仿真资源。本系统可利用计算机屏幕或者多媒体投放设备作为虚拟环境的观察器，采用 Kinect 体感设备作为跟踪设备来控制虚拟环境中的对象。虚拟现实系统中可利用三维眼镜、VR 眼镜或者裸眼便可观察到具有沉浸感的虚拟环境。

系统技术指标：①系统通用性、沉浸性、实时性和主动交互性；②良好的实用性和易用性；③完善的二次开发 Unity 3D 应用开发引擎平台接口下的 Windows Kinect SDK 开发包和高通 Vuforia 开发包，定制开发新功能；④承载各种多媒体资源，包括文字、图片、音频、视频、Flash 等，资源内容更加丰富；⑤可承载三维场景，场景包括地形、环境、建筑、人物等三维模型；⑥能够结合虚拟环境实现虚拟与现实环境的实时、动态交互；⑦支持鼠标、键盘、Kinect 等各种控制设备与虚拟场景交互；⑧控制人物角度以第一人称和第三人称在三维场景中自主漫游。

（一）系统设计原则

虚拟现实游泳课程教学系统设计原则有以下几点：①对象原则；②模块设计原则；③先进性原则；④界面友好原则。同时还遵循高效性、可扩充性和稳定性等原则。

（二）系统模块设计

1. 系统整体模块设计

对于交互类虚拟现实的设计，思维导图提供一种发散式图形思维，比传统的线性思维有着明显的优势。在高校虚拟现实游泳课程教学系统中，包含虚拟现实设计和增强现实设计两大模块，呈现的形式和手段也各有不同。虚拟现实设计中，使用者运用虚拟角色，在虚拟教学环境中采用 Kinect 体感设备自由完成游泳项目各种泳姿的动作学习。增强现实设计中，使用者可通过终端设备及摄像设备完成在识别图上现实环境与虚拟环境的叠加，虚拟环境是游泳教学的教学资料，教学资料的内容与形式由多元化的多媒体承载，如音频、视频、Flash 或者 3D 动画等，并伴有控制虚拟环境的交互环节。

根据总体需求，在系统整体设计中，可交互的内容不仅仅具有操作性，还具备控制功能。设计模板具有共同的教学目的，但采用不同的设备和方法，整体模块堆栈如图 2-1 所示。这套系统集中多种系统及多媒体元素，在虚拟现实设计中，图像、特效、音频、材质、光照、计算等包括在系统的制作中，而在增强现实设计中更多的是图像、视频的制作。本系统可使用包括 PC、Mac、Android、iOS、Xbox 等目前使用较为广泛的设备及软件。

图 2-1　系统整体模块堆栈

2. 主要技术模块

本系统主要采用虚拟现实和增强现实两大技术模块，这两大技术的特点各有不同。本系统涉及的主要技术手段描述如下。

（1）虚拟现实开发技术。

虚拟现实系统的构建需要先生成高度真实性的 API（Application Programming Interface，应用程序编程接口），搭配 Defer Shading 技术以及超过 100 的 Shaders，让虚拟世界的图像生成可以整合 CPU（Central Processing Unit，中央处理器）及 GPU 两个重要系统，产生一个视觉惊艳的画面，并运用 Unity 3D 产生接近真实的场景画面。

虚拟现实系统从概念到测试完成的过程会涉及的环节如图 2-2 所示，主要有需求（任何一个产品都需要一个前期的需求来完成设计的功能和要求）、设计（对系统概念、形式、内容的设想，可使用思维图完成）、程序（是完成系统的核心，完成虚拟现实人机交互和界面设计，是虚拟世界的构建环节）、音频（声音效果与视觉效果的完美搭配能让虚拟世界更加真实）、艺术（将虚拟世界场景、人物及各元素等成为实体，将最佳的视觉效果呈现给使用者）和测试（通过各种不同的测试，以确保程序系统足够强大）。

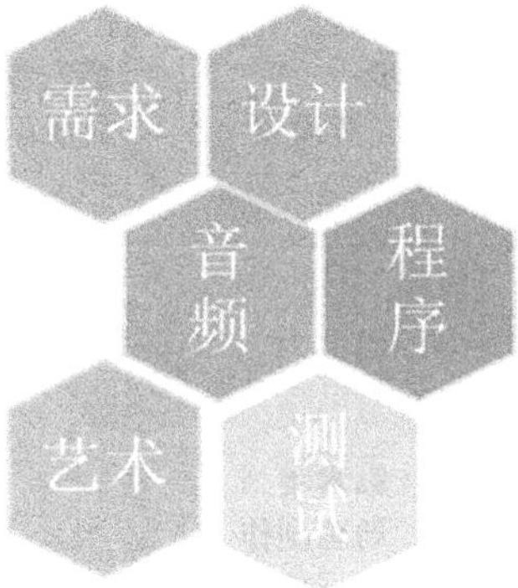

图 2-2 虚拟现实系统技术环节

虚拟现实设计模块使用的开发工具和组件需要与开发环境密切整合，方能使开发者高效地开发系统。整个系统中的图形、图像、声音、物理计算和人工智能等不同类型的组件需要运用各种开发软件来实现，一个强大的引擎能够一并完成这些组件的开发，可以大大地降低开发的复杂程度并缩短时间，本系统中运用的 Unity 3D 集成开发环境是目前最完整、最高效的开发引擎之一。

Unity 3D 是提供虚拟现实设计最高效、性能最佳的应用开发引擎之一，还具备跨平台开发功能，可以在不同的硬件平台运行。Unity 3D 提供的 Light Mapping 技术让系统整个场景的光效非常真实，能够达到虚拟现实复杂的灯光效果。场景特效是 Unity 3D 提供的完整效果，包括景深和动感模糊、动态的流水效果，也可以用于设计龙卷风、烟火和爆炸等粒子效果。系统音频可以采用 Unity 3D 提供的 FMOD 来完成，效果良好的音频还要依靠强大的音频滤波器制作。虚拟现实系统中的材质有 100 多种选择，Unity 3D 也提供了接口可以使多种 Shaders 快速、轻松地加入。动画制作是本系统必不可少的部分，Unity 3D 的 Mecanim 系统将具备骨架的动画植入，提供良好的编辑和创建用户界面，从而制作出精良的动画效果，本系统的制作流程如图 2-3 所示。

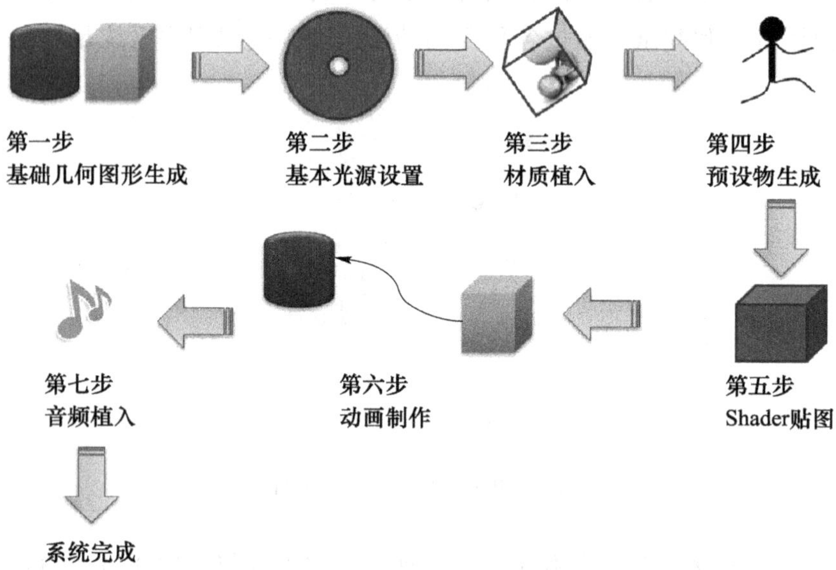

图 2-3　系统制作流程

（2）增强现实开发技术。

目前增强现实应用的实现通常利用 Unity 3D 与一些开发增强现实应用的工具插件结合完成。常见的几种增强现实插件有 Vuforia、Metaio、EasyAR、ARToolKit 等，这几种插件各有优缺点，其中，Vuforia 插件在移动平台有较好的兼容性并支持 Andriod 和 iOS 开发，但不支持 PC 和 Mac 系统开发；EasyAR 插件支持多平台系统开发，但对于移动平台开发，Vuforia 插件的兼容性最佳。本系统的增强现实应用通过 Vuforia 插件结合

Unity 3D 集成开发环境完成，开发环境的搭建分为 Unity 3D 开发环境搭建和目标平台 SDK（Software Development Kit，软件开发工具包）与 Unity 3D 的集成。

在 Unity 3D 应用开发引擎中，可以将制作的增强虚拟现实应用发布到 Window、Mac、Wii、iOS 和 Android 平台上，不同的平台下，需要各个平台的 SDK 与 Unity 3D 集成。Vuforia 的核心功能实现对图片、圆柱体、多目标、文字、物体、虚拟按钮、智能地形等的识别，本系统的制作流程如图 2-4 所示。

图 2-4 增强虚拟现实制作流程

Image Target 指图像识别目标，Cylinder Target 指圆柱体识别目标，Multi Targets 指立方体识别目标，Text Recognition 指文本识别，Virtual Button 指虚拟按钮，Object Recognition 指 3D 物体识别

（三）功能模块设计

高校虚拟现实游泳课程教学系统的功能主要围绕虚拟现实功能、增强现实功能等的设计，核心是虚拟现实功能和增强现实功能模块的设计，本系统的功能构架如图 2-5 所示。

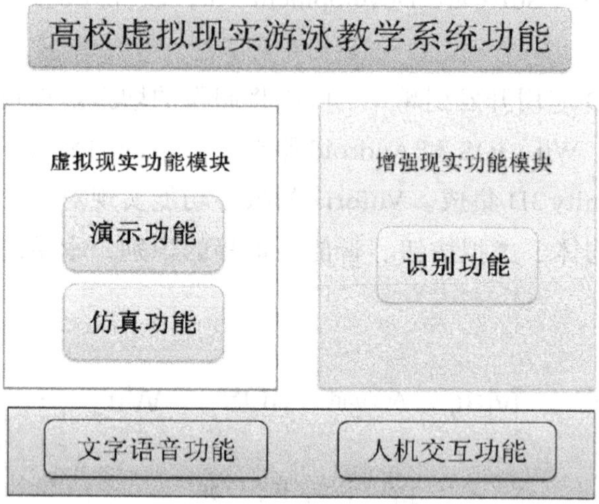

图 2-5　系统功能构架

1. 虚拟现实功能模块

在虚拟教学环境中，通过体感红外设备对人体骨骼进行追踪，使用者可以看到反馈的技术动作影像，即使是在陆地上也能完成游泳技术的对照。使用虚拟眼镜完成沉浸式增强现实的效果，加强虚拟环境的真实感。Kinect 设备可以完成对人体骨骼的捕捉及实现 3D 虚拟环境与人物的仿真效果。

2. 增强现实功能模块

目前实现增强现实效果可以借助如 EasyAR、Vuforia 等 SDK 的途径来完成，其原理并不如想象中那么复杂，如图 2-6 所示，其实现过程也只需简单的六步。

第一，通过光学设备及摄像头采集视频、图像。第二，数字化图像。通过对图像特征点的提取，产生识别图。第三，以识别图作为参考，完成增强效果的视频及动画多媒体制作。第四，光学设备/摄像头获取虚拟信息位置。第五，识别图与获取图片匹配。第六，虚拟信息（多媒体 2D/3D）渲染。

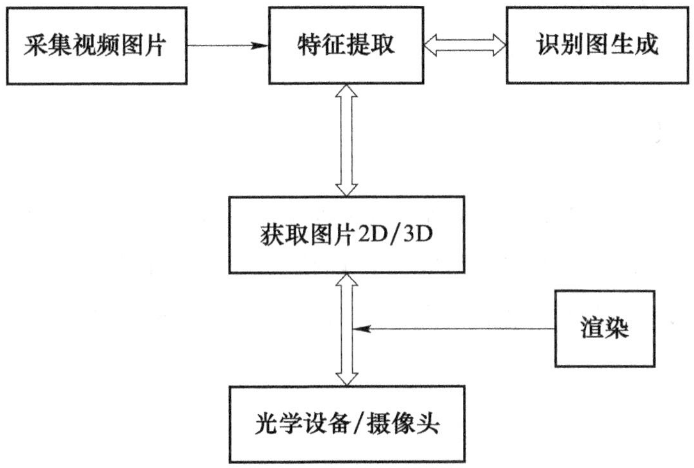

图 2-6 增强现实实现的原理

以上是增强现实的实现过程，完成了动态增强现实动画效果的加载以及增强现实效果的实现。游泳教学资源设计中，运用 Flash 视频或者 3D 制作的多媒体教学素材，加载至平面的教材或者立体的教学器械上，使用光学设备、智能设备实现增强现实效果，增加游泳教学的多样化与生动性，摆脱游泳教学的局限性。本系统的增强现实效果运用 Vuforia 高通 SDK 插件和 Unity 3D 应用开发引擎，将 3D 游泳视频加载于游泳教材上，使教材上分解的动作图片和文字变成连续完整的游泳动作，交互技术的介入还可以增加技术动作讲解等一系列功能。

3. 人机交互功能模块

虚拟现实和增强现实的交互技术除了依附传统的智能设备，还可以通过体感、语音等更好地实现虚拟世界的体验。体感、语音可以将原本的物理操作按钮变成使用手势、体感和语言来控制，控制的对象也变成虚拟物体和虚拟功能菜单。

二、教学设计

（一）教学特色

实践培养：让学生在虚拟环境中体验游泳运动（图 2-7）的同时加深对动作的理解，培养学生的实践能力。虚拟交互不仅可以激发学生学习的兴趣，并且可以在场地不足的情况下进行该项目的教学及体验。

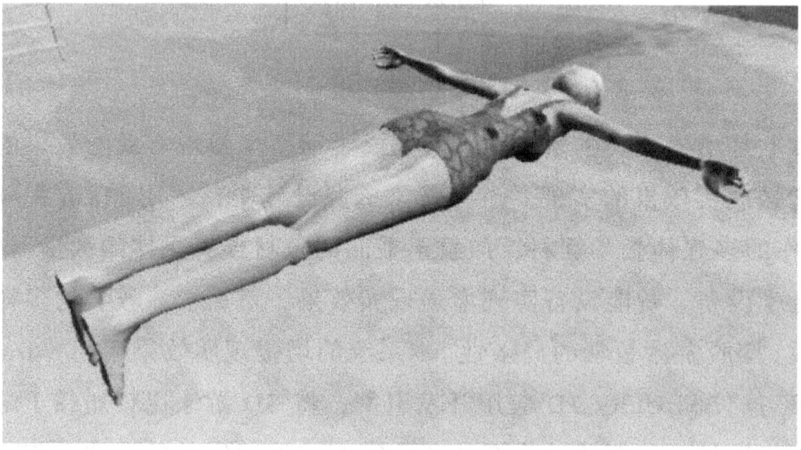

图 2-7 虚拟游泳教学环境

任务驱动：整个教学围绕着“如何掌握游泳技能”这个任务展开，高校虚拟现实游泳课程教学系统中增强虚拟现实交互部分可以让学生观看 3D 视频（图 2-8），从而掌握基本的动作要领，再通过该系统中虚拟现实体感交互体验（图 2-9）驱动学生的学习动力，使学生积极参与到游泳教学中来。

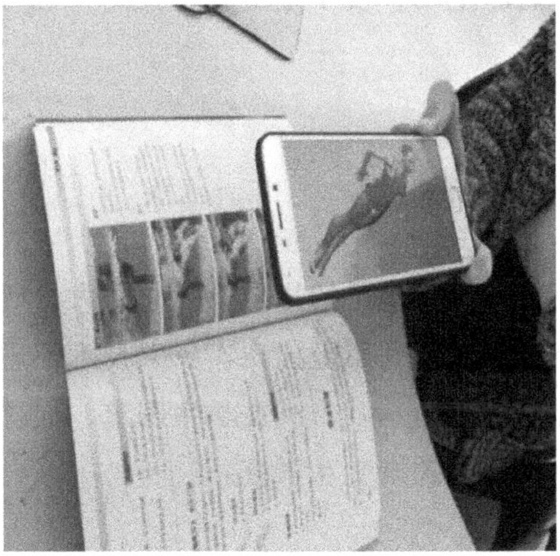

图 2-8　学生观看 3D 教学视频

图 2-9　虚拟现实体感交互体验

情感教育：教学中，培养学生对游泳课程的兴趣，在观看相关素材和切身体验的过程中，加深学生对游泳技术动作要点的理解，巩固学生对游泳基本技能的掌握，增强学生对游泳课程的学习动力。

（二）教学背景

游泳是一种技巧性较强的体育运动，技术动作复杂，主要的技术动作分为呼吸、腿部动作、手臂动作、腿与手臂动作的配合、呼吸与全身的配合等，腿与手臂的动作为重点，呼吸与全身的配合为难点。高校虚拟现实游泳课程教学系统不仅为学生提供了理论基础、重难点学习的方向，同时加快了学生在实际训练中掌握该项运动的速度。

高校虚拟现实游泳课程教学系统服务于开设了游泳课程的高校，教学对象为年龄在 20 岁左右的在校大学生，他们具备一定的自学基础，对游泳有一定的兴趣。

在教学过程中出现动作要领掌握不全面、相关理论知识及动作要领不正确，通过示范教学也无法解决问题时，利用该系统学习就能解决上述困扰。学生对游泳的兴趣和激情也有利于该虚拟现实游泳课程教学模式的发展与完善。本虚拟教学平台中增强虚拟现实交互部分配有 3D 视频教程的展示，配合虚拟体感体验可以使教学更加生动，使学生更容易接受，也可以加深学生对游泳的理解。

（三）教学目标

1. 总体目标

本系统的目标是在建构主义、游泳学科教学论的指导下，总结大量研究者通过交互媒体进行游泳教学的经验，充分利用虚拟现实新兴技术促进游泳教学，架构出一个以培养学生游泳能力为基础，满足学生需求，促进学生学以致用能力获得的虚拟现实游泳课程教学交互系统。

2. 知识目标

本设计为学生提供了新颖的学习环境，内部的 3D 游泳动作规范讲解详细，便于学生自主学习。该设计通过 3D 视频、虚拟体感交互等方式提供具有趣味性的激励机制，使学生在轻松愉快的环境中学习，掌握游泳的知识及基本的动作要领，以达到寓教于乐的目的。

3. 能力目标

学生通过利用高校虚拟现实游泳课程教学系统达到掌握游泳课程相关理论知识及动作要领的目的，从而培养学生的自我学习能力和探索精神。

4. 情感目标

让学生热爱游泳这项运动，促进学生的全面发展；重视游泳课程的学习，掌握游泳这项求生救助基本技能。

（四）教学过程设计

（1）创建虚拟现实游泳课程教学系统，通过虚拟体感交互、增强现实交互这些新型交互媒体的体验，可以更好地激发学生的学习兴趣，如表 2-1 所示。

表 2-1 教学过程（内容）设计——情境创设

教学设计	内容
教学环节	情境创设
教学内容	运用虚拟交互新型技术激发学生的学习兴趣
相关活动	游泳虚拟交互中包含了游泳相关 3D 视频、资料的增强虚拟现实交互和虚拟游泳体感交互
学生活动	通过这些新媒体激发学生对接下来的学习内容的兴趣
教学备注	教学方法：新媒体，通过教学资料激发学生的学习兴趣 教学媒体：移动设备

（2）学生通过虚拟现实游泳课程教学系统学习基本的动作要领，掌握一些必要的知识点、理论等，如表 2-2 所示。

表 2-2 教学过程（内容）设计——自主学习

教学设计	内容
教学环节	自主学习
教学内容	将前期制作好的 3D 视频教程整合到增强虚拟现实交互系统中
相关活动	通过扫描相应的识别图、观看相应的视频教程了解本节课的任务
学生活动	学生熟练掌握基本动作要领
教学备注	教学方法：通过虚拟交互中的增强现实交互掌握动作要领 教学媒体：移动设备

（3）学生在虚拟现实交互环境中进行学习体验，如表 2-3 所示。

表 2-3 教学过程（内容）设计——虚拟练习

教学设计	内容
教学环节	虚拟练习
教学内容	虚拟的体验
相关活动	学生根据之前增强现实交互中 3D 视频动作要领进行虚拟练习
学生活动	学生边进行动作要领的回顾边进行虚拟体验
教学备注	教学方法：体验 教学媒体：基于 Kinect 的虚拟交互设计

（4）学生在现实环境中学习及练习，如表 2-4 所示。

表 2-4　教学过程（内容）设计——实际练习

教学设计	内　容
教学环节	实际练习
教学内容	真实体验
相关活动	教师在真实泳池中进行动作示范,学生运用之前学习到的技能在真实环境中练习
学生活动	学生在现实环境中体验，根据教师的示范进行练习
教学备注	教学方法：教师演示、讲解

（5）教师针对学生的问题进行纠正，使学生对在该教学系统中学习到的知识加深理解，如表 2-5 所示。

表 2-5　教学过程（内容）设计——总结提高

教学设计	内　容
教学环节	总结提高
教学内容	参考其他虚拟现实交互，提升游泳交互设计的体验
相关活动	对资料更新要及时
学生活动	定期浏览，并进行练习
教学备注	教学方法：以学生为主体的自主学习

（6）最后对学生、用户进行调查，将反馈进行整理，改进设计中的不足，如表 2-6 所示。

表 2-6　教学过程（内容）设计——教学反思

教学设计	内　容
教学环节	教学反思
教学内容	反思教学
相关活动	反思设计的优点和不足，针对不足进行改进
学生活动	在留言中给出建议和改进方法

三、实体建模设计

（一）场景建模

Unity 3D 应用开发引擎支持 DirectX11，采用优化的光照系统以及着色器 ShaderLab 可以实现逼真的 3A 级虚拟仿真效果场景，加上高效逼真的模拟刚体碰撞、重力等物理效果，能使虚拟环境更加真实生动。

在整个设计过程中，除大地外，需要在场景中搭建出一个大环境，如蔚蓝的天空。Unity 3D 中的天空盒子技术可以搭建出系统需要的大环境。用天空盒子搭建环境会更加真实，系统自带天空盒子的资源包，里面有六种不同天空的材质，也可以根据天空盒子的贴图规律绘制出设计需要的天空盒子材质。值得注意的是，需要在“渲染设置”中设置天空盒子，单击“Edit”/“RenderSettings”菜单项，对“SkyboxMaterial”选项进行设置便可渲染出来。

制作设计需要的天空盒子，可以在 Project 面板中文件夹“Assets”/“Materials”菜单项创建新的材质球，并将属性查看器中的 Shader 属性更改成 Skybox，在文件夹“Assets”/“Pic”菜单项中导入已经按照正方体规律绘制好的连续的图片，并将它们的“Wrapmode”属性改成“Clamp”，再按照对应的方位放置到材质中，这样就可以渲染出特制的环境。

用 Unity 3D 4.x 制作水效果时可以使用水资源包 Water，这个资源包中的 Water4 有两个水的事例，事例一是白天效果的水，事例二是晚上效果的水，颜色显示较暗。将水拖入“Hierarchy”面板中，在属性查看器中更改“Transform”的“Scale”值就可以得到需要的水的尺寸，再用移动工具拖到想要的地方即可，渲染后的游泳场馆模型如图 2-10 所示。

图 2-10　渲染后的游泳场馆模型

（二）人物建模

虚拟环境中的 3D 人体模型创建必须考虑人体的美学与生理学，尤其是体育项目中使用的人体模型，对人体结构及细节的要求更高。本系统使用 3ds Max 软件制作人体模型，建模形式是模型+贴图。

1. 模型

模型在建模之初都是由长方体、圆柱体和球体编辑形成，按照人体的比例修改基本长、宽、高、半径等参数，再通过切割、连接、断开、塌陷、桥接等命令绘制出人的基本结构；使用“涡轮平滑”和“绘制变形”反复修改人体模型，使模型更加接近真实状态，人体模型构建的难点是五官细节的处理。

2. UV 贴图

3D 模型的真实感离不开贴图的效果，UVW 展开时可以达到更合适的贴图模型 UV。使用对称模型恢复整体，UV 展开后修改缝合，形成 UV 贴图并使用在人体模型贴图上。

3. 骨骼制作绑定

3ds Max 常用 Biped、Bone、CAT 三种骨骼，本系统采用 Biped 和 Bone 对人体的大骨骼、小骨骼及完整骨架模型进行制作。骨骼的制作完成了人体各个关节的建模，以便后期体感 Kinect 设备对人体骨骼关节进行捕捉。

（三）主场景

本系统中，主场景为游泳场馆，场景的建模形式是背景+模型。游泳场馆的模型由各种零件组合而成，创建场景模型采用以下方法：游泳池底部使用内置模型长方体修改，形成池状。池状参数设置：长度为 500 厘米、宽度为 400 厘米、高度为 350 厘米，得到的模型如图 2-11 所示。

图 2-11 游泳池 3D 模型

游泳池池水的材质参数设置为漫反射颜色：149、178、222，高光为 80，光泽度为 80，不透明度为 40。VRay 贴图采用凹凸加噪波，通过噪波参数的大小控制波纹大小，这里用 5（值越小，波越小，越密集），并伴随反射贴图加光线跟踪。

（四）渲染着色

强大的虚拟现实技术能让人们在虚拟场景中运动的同时还有身临其境的感觉，能在无水幻境体验游泳的乐趣，并伴随较强的娱乐性与运动感。本设计希望在对虚拟游泳教学系统环境构建的同时达到增强现实的效果，通过对 3ds Max、Unity 3D ShaderLab 技术和增强现实效果理论的深入剖析，探索更完善的增强现实效果技术，为实现游泳教学虚拟现实系统的研究及应用做铺垫。

用 3ds Max 制作作品，一般的工序是建模—灯光—材质—渲染这四个步骤，渲染是最后一个步骤，也是实现虚拟效果最关键的步骤，渲染其实是对场景进行着色的过程，通过复杂的运算和属性设置在二维平面上，投射出虚拟的三维场景。渲染引擎有很多种，如 VRay 渲染器、Mentalray 渲染器、Renderman 渲染器等，而目前使用最普遍的是 VRay 渲染器，本设计中也采用 VRay 渲染器完成游泳教学场景的渲染效果制作。渲染效果的成败与制作材质有着密切的关系，3ds Max 材质设计主要是对制作物体的色彩、质地、纹理进行选择和设置，以及对透明度和光线进行调配等，依靠各种材质可以制作出现实世界中的任何物体。在制作材质时要遵循以下步骤：①制定材质名称、选择材质类型；②选择着色类型，也就是渲染类型；③设置漫反射颜色、光泽度和不透明度等各种渲染参数；④设置贴图的材质通道，调整参数并应用于对象；⑤调整 UV 贴图坐标，定位贴图，完成材质设置。

Unity 3D 是一款跨平台性较好的应用开发引擎，它使用 Mono 开源的.NET 来实现。对于要适应不同 GPU 的 Shader 来说，Unity 3D 使用自定义 ShaderLab 来组织 Shader 的内容，并针对不同的平台进行编译。Shader 即着色器，是一款运行在 GPU 上的程序。通过 ShaderLab 可以改变物体的形状、大小、位置、旋转等，通过 Unity 3D 应用开发引擎提供的支持，ShaderLab 还可以做 Posteffects 后期处理，功能与 Photoshop 相似。

本章小结

本章主要介绍虚拟现实游泳课程教学系统的系统需求分析与总体设计，包括系统需求分析、教学设计和实体建模设计三个部分。第一部分是系统需求分析部分，介绍了虚拟现实游泳课程教学系统的应用概述、核心系统和系统的特点。系统设计部分介绍了系统定位、系统设计原则及系统模板设计，主要对系统模块设计的整体模块、主要技术模块和功能模块进行详尽介绍。第二部分是教学设计，主要介绍教学特点、教学背景、教学目标、教学过程设计，教学过程设计等方面。第三部分是对系统实体的建模设计介绍，本系统实体设计主要对场景和人物建模、模型的材质贴图和渲染着色、增强虚拟现实的效果三个部分。

第三章

系统开发平台

第一节　C#编程语言

C#是一种面向对象的编程语言，主要用于开发可以运行在.NET 平台上的应用程序。C#与 Java 十分相似，它包括单一继承、接口、与 Java 几乎相同的语法和编译成中间代码再运行的过程。但 C#与 Java 有着明显的不同，它借鉴了 Delphi 的一个特点，与 COM（Component Object Model，组件对象模型）是直接集成的，而且它是微软公司.NET Windows 网络框架的主角。近几年 C#呈现上升态势，说明 C#语言的各项特点被更多人认同。C#近年来的发展趋势如图 3-1 所示。

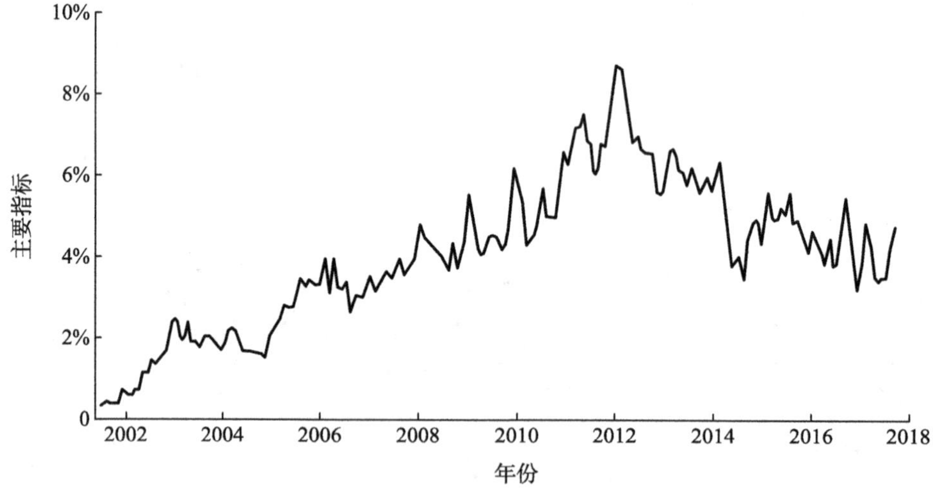

图 3-1　C#近年来的发展趋势

一、C#概述

目前，C#是一种既安全稳定又简单、大众化的面向对象的编程语言，是 C 语言和 C++语言的衍生品。C#集 VB 语言可视化操作和 C++语言高效率运行的特点，其便捷的操作性、简洁的语法风格、一流的语言特性和强大的面向组件编程使其成为.NET 开发的首选语言。

（一）C#的历史背景

C#是微软公司于 2000 年 6 月发布的一种新的编程语言，主要由安德斯·海尔斯伯格（Anders Hejlsbeg）主持开发，它是第一个面向组件的编程语言，其源码会编译成 msil 再运行。在 C#推出之前，C 和 C++是高级语言领域中最广泛使用的语言。C 和 C++为程序员提供了十分灵活的操作，但其无法适应可视化高级语言发展的趋势。和 VB 等语言相比，往往需要更长的时间来开发同等级别的 C/C++应用程序。

微软公司推出的 C#语言，是一种最新的面向对象的编程语言，它使程序员可以快速地编写各种基于 Microsoft.NET 平台的应用程序，提供了一系列可视化工具和服务来辅助开发。

C#语言使得程序员可以高效地开发程序，与 C/C++编写的本机原生函数关联，不损失 C/C++原有的强大功能。继承关系与 C/C++有极大的相似性，程序员可以很快地转向 C#。

（二）C#的特点[38]

（1）语法简洁。不允许直接操作内存，去掉了指针操作。

（2）彻底面向对象设计。C # 具有面向对象语言应有的一切特性：封装、继承和多态。

（3）与 Web 紧密结合。C # 支持绝大多数的 Web 标准，如 HTML、XML、SOAP 等。

（4）强大的安全性机制。可以消除软件开发中常见的错误（如语法错误），NET 提供的垃圾回收器能够帮助开发者有效地管理内存资源。

（5）兼容性。因为 C # 遵循 NET 的公共语言规范（CLS），从而能够保证与其他语言开发的组件兼容。

（6）灵活的版本处理技术。因为 C # 语言本身内置了版本控制功能，因此开发人员更加容易开发和维护。

（7）完善的错误、异常处理机制。C # 提供了完善的错误和异常处理机制，使程序在交付使用时能够更加完善。

二、Visual Studio 2010 开发环境

Visual Studio 2010 是所有开发工具中最适合开发 C#应用程序的工具，使用它可以使任务更简单一些。Visual Studio 是一个基本完整的开发工具集，它包括了软件生命周期中所需要的大部分工具，如 UML 工具、代码管控工具、集成开发环境等。所写的目标代码适用于微软支持的所有平台，包括 Microsoft Windows、Windows Phone、Windows CE、.NET Framework、.NET Compact Framework 和 Microsoft Silverlight。Visual Studio 包含基于组件的开发工具（如 Visual C#、Visual J#、Visual Basic 和 Visual C++），以及许多用于简化基于小组的解决方案的设计、开发和部署的其他技术[38]。

Visual Studio 2010 是一套完整的开发工具集，用于生成 ASP.NET Web 应用程序、XML Web Services、桌面应用程序和移动应用程序。它提供了在设计、开发、调试和部署 Web 应用程序、XML Web Services 和传统的客户端应用程序时所需要的工具。本节将对 Visual Studio 2010 开发环境进行

详细介绍。

（一）创建项目

创建项目的过程非常简单，启动 Visual Studio 2010 开发环境，选择“开始”/“程序”/ Microsoft Visual Studio 2010 命令，即可进入 Visual Studio 2010 开发环境，其右侧会列出已安装的产品，Microsoft Visual Studio 2010 的起始页面如图 3-2 所示。

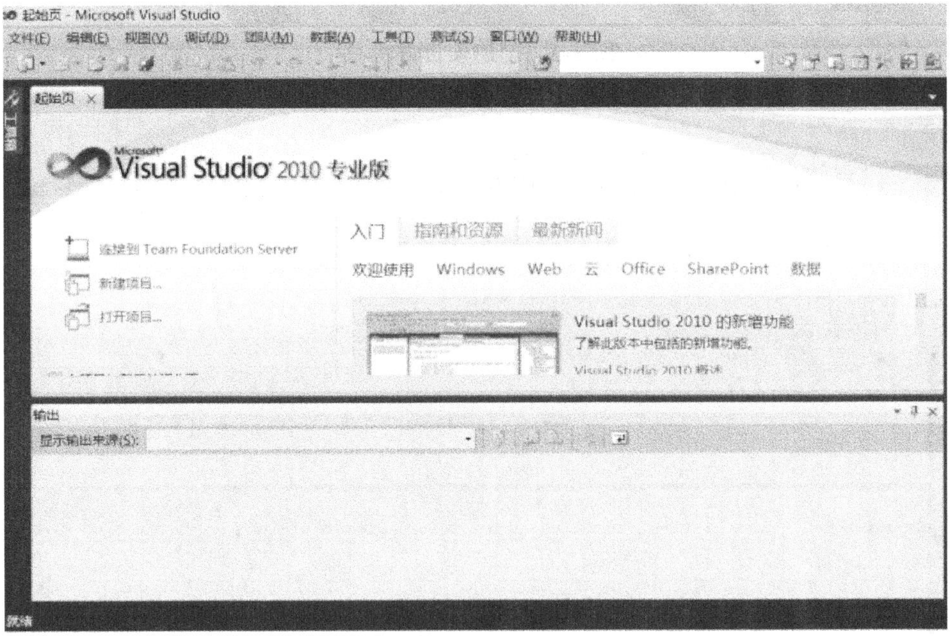

图 3-2　Microsoft Visual Studio 2010 的起始页面

启动 Visual Studio 2010 开发环境之后，可以通过两种方法创建项目：一种是选择“文件”/“新建”/“项目”命令，如图 3-3 所示；另一种是在“起始页”中选择“新建项目”命令，如图 3-4 所示。

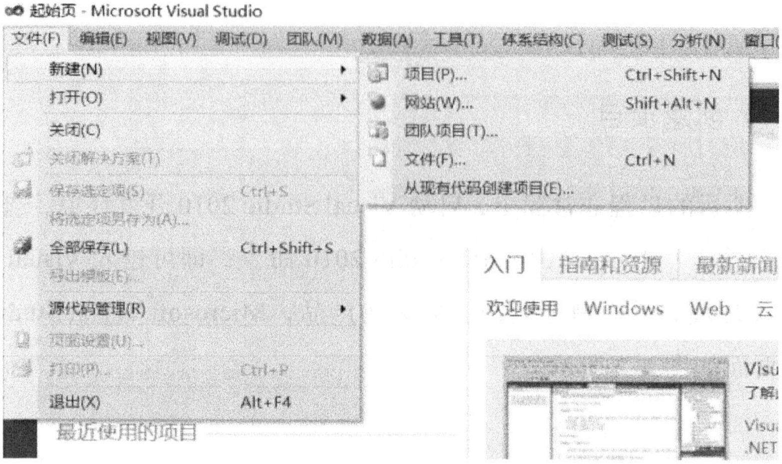

图 3-3　创建项目方法一

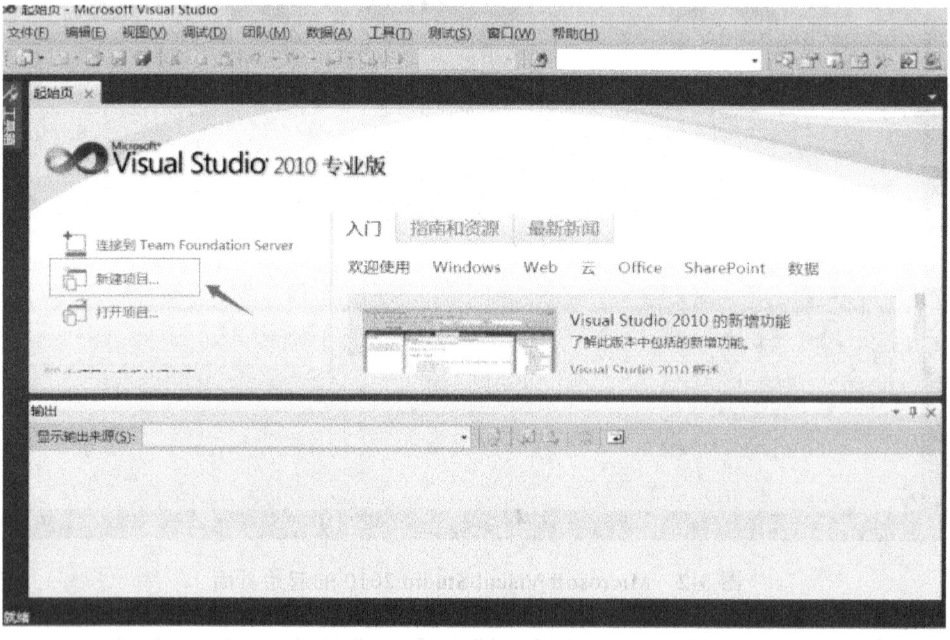

图 3-4　创建项目方法二

选择其中一种方法创建项目，将弹出如图 3-5 所示的“新建项目”对话框。

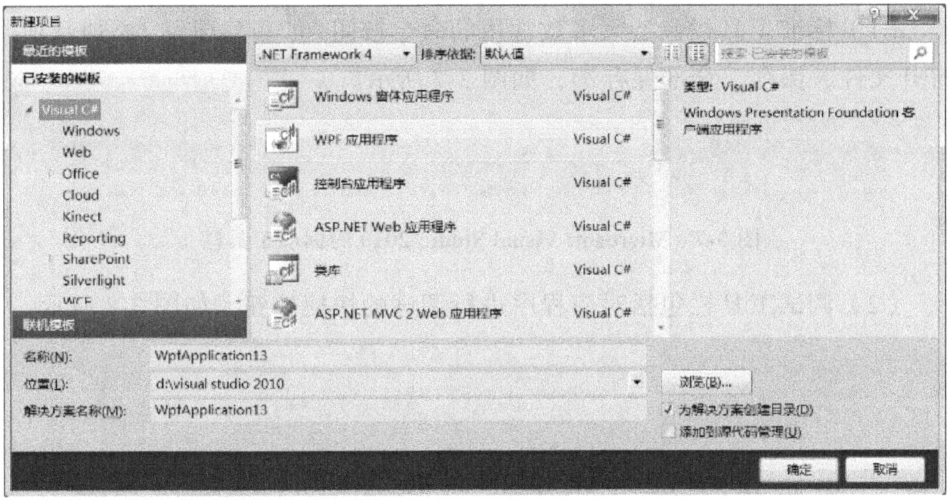

图 3-5 “新建项目”对话框

选择创建“Windows 窗体应用程序”后，用户可对所要创建的项目进行命名、选择保存的位置、设定是否创建解决方案目录等操作。在命名时可以使用用户自定义的名称，也可以使用默认名，用户可以单击“浏览”按钮设置项目保存的位置。需要注意的是，解决方案名称与项目名称一定要统一，然后单击“确定”按钮，完成项目的创建。

（二）菜单栏

菜单栏显示了所有可用的命令。通过单击鼠标可以执行菜单命令，也可以通过 Alt 键加菜单项上的字母执行菜单命令，菜单栏如图 3-6 所示。

图 3-6 Microsoft Visual Studio 2010 的菜单栏

（三）工具栏

为了使操作更方便、快捷，菜单项中常用的命令按功能分组分别放入相应的工具栏中。通过工具栏即可快速访问，常用的工具栏有标准工具栏和调试工具栏，下面分别进行介绍。

（1）标准工具栏包括大多数常用的命令按钮，如新建项目、添加新项、打开文件、保存、全部保存等，如图 3-7 所示。

图 3-7　Microsoft Visual Studio 2010 的标准工具栏

（2）调试工具栏包括对应程序进行调试的快捷按钮，如图 3-8 所示。

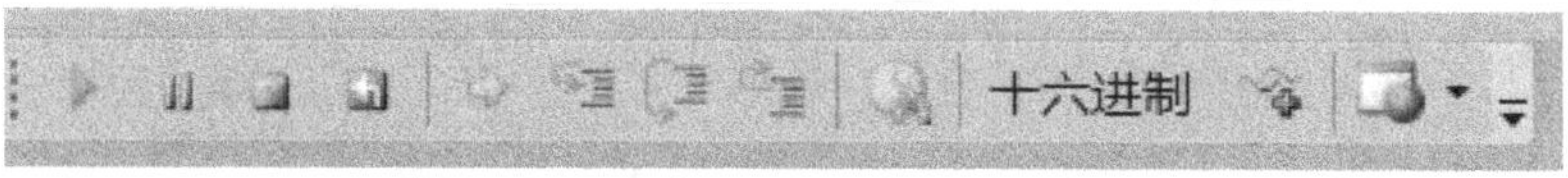

图 3-8　Microsoft Visual Studio 2010 的调试工具栏

（四）工具箱面板

工具箱是 Visual Studio 2010 的重要工具，每一个开发人员都必须对这个工具非常熟悉。工具箱提供了 Windows 窗体应用程序开发所必需的控件。通过工具箱，开发人员可以方便地进行可视化的窗体设计，简化了程序设计的工作量，提高了工作效率。根据控件功能的不同，将工具箱划分为 11 个栏目，如图 3-9 所示。

图 3-9　Microsoft Visual Studio 2010 的工具箱面板

（五）属性面板

属性面板是 Visual Studio 2010 中一个重要的工具，该窗口为 Windows 窗体应用程序的开发提供了简单的属性修改方式。窗体应用程序开发中的各个控件属性都可以由"属性"面板设置完成。"属性"面板不仅提供了属性的设置及修改功能，还提供了事件的管理功能。"属性"面板可以管理控件的时间，方便编程时对事件的处理。

属性面板采用两种方式管理属性和方法，分别为按分类的方式和按字母顺序的方式，开发者可以根据自己的习惯采用不同的方式。面板的下方还有简单的帮助，方便开发人员对控件的属性进行操作和修改，属性面板的左侧是属性名称，右侧是属性值。属性面板如图 3-10 所示。

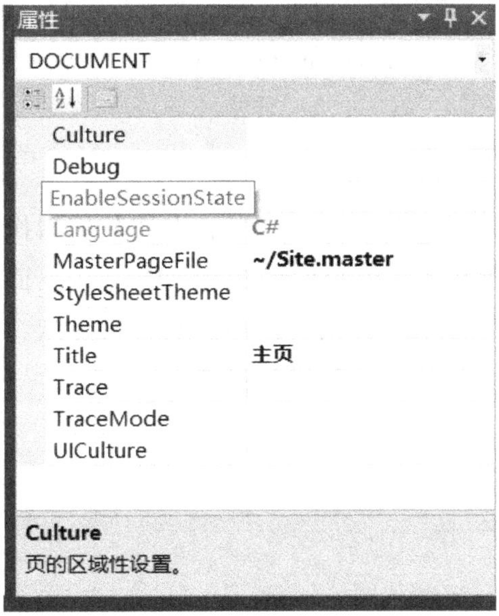

图 3-10　Microsoft Visual Studio 2010 的属性面板

（六）错误列表面板

错误列表面板为开发者提供了错误代码的即时提示和解决方法。例如，当某句代码结束时忘记输入分号，错误列表中会显示这一错误。错误列表就像一个错误提示器，它可以将程序中的错误代码及时地显示给编辑者，并通过提示信息找到相应的错误代码。“错误列表”面板如图3-11 所示。

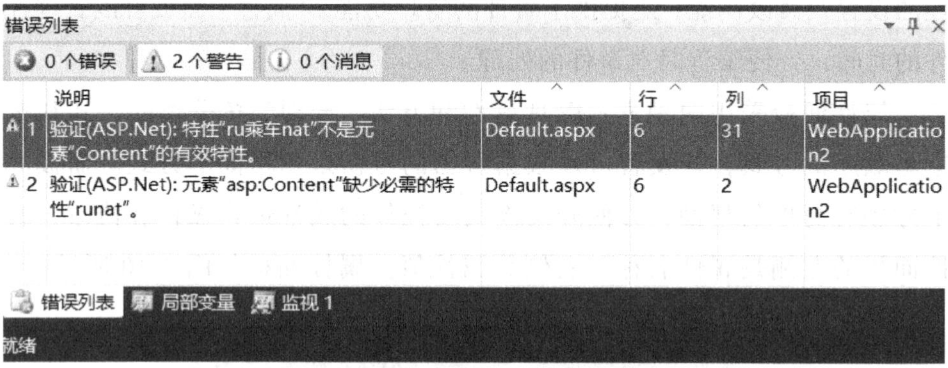

图 3-11　Microsoft Visual Studio 2010 的“错误列表”面板

（七）输出面板

输出面板用于提示项目的生成情况，在实际编辑操作中，开发人员会无数次地看到这个面板，其外观如图 3-12 所示。输出面板相当于一个记事器，它将程序运行的整个过程以数据的形式进行显示，这样可以让开发者清楚地看到程序各部分的加载与操作过程。

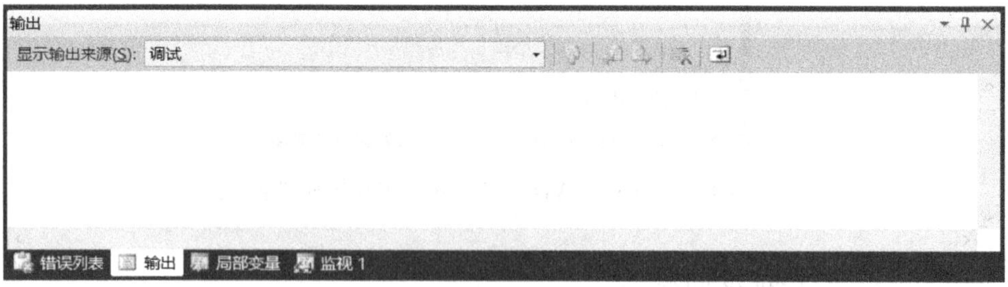

图 3-12　Microsoft Visual Studio 2010 的输出面板

第二节 Unity 3D 开发平台

Unity 3D 是由 Unity Technologies 公司开发的专业跨平台游戏开发及虚拟现实引擎，其打造了一个完美的跨平台程序开发生态链，用户可以通过它轻松完成各种游戏创意和三维互动开发，创作出精彩的游戏和虚拟仿真内容。用户也可以通过 Unity 资源商店分享和下载各种资源。

Unity 3D 作为一款国际领先的专业游戏引擎，具有精简、直观的工作流程，和功能强大的工具集，使游戏开发周期大幅度缩短。通过 3D 模型、图像、视频、声音等相关资源的导入，借助 Unity 3D 相关场景构建模块，用户可以轻松实现对复杂虚拟世界的创建。

Unity 3D 编辑器可以运行在 Windows、Mac OS X 及 Linux 平台，其主要的特点如下：一次开发就可以部署到时下所有主流游戏平台，目前 Unity 3D 支持发布的平台有 21 个之多，如图 3-13 所示。用户无需二次开

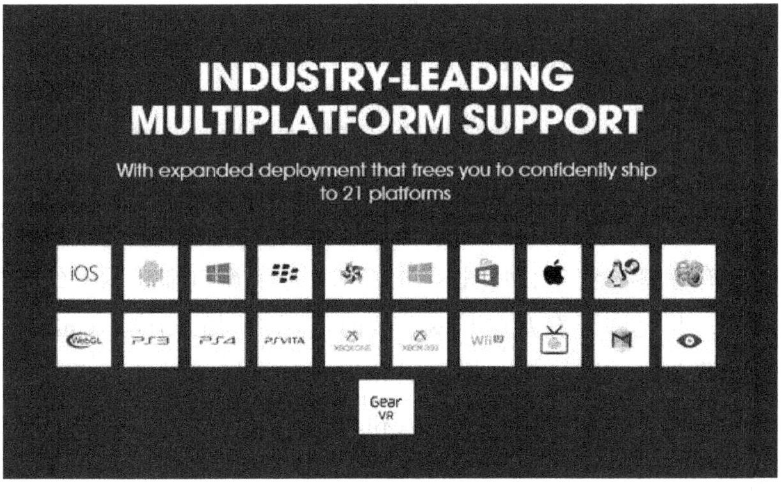

图 3-13 Unity 3D 可发布的平台

发和移植，就可以将产品轻松部署到相应的平台，节省了大量的开发时间和精力。在移动互联网发展越来越迅速的今天，Unity 3D 正吸引着越来越多人的关注。

一、Unity 3D 概述

Unity 3D 是一套包括图形、声音、物理等功能应用的程序开发引擎，它提供了一个强大的关卡编辑器，支持大部分主流 3D 软件格式，使用 C# 或 JavaScript 等高级语言实现脚本功能，使开发者无需了解底层复杂的技术，即可快速地开发出高性能、高品质的游戏产品。

Unity 3D 的功能非常强大，其中一个显著特点就是跨平台游戏开发。跨平台开发无疑为开发者节省了大量时间，平台之间的差异会直接影响开发进度，如屏幕尺寸、操作方式、硬件条件等的不同会给开发者带来巨大的麻烦，因为在不同的平台中，开发者需要花更多时间去做平台之间的移植开发，而将大量的时间浪费在这上面并不值得，Unity 3D 几乎为开发者完美地解决了这一难题，可大幅度减少移植过程中一些不必要的麻烦。但是，由于各平台的硬件条件是不同的，如 PC 的硬条件肯定会强于移动平台，所以开发者还需要针对不同的平台做一些取舍。

（一）Unity 3D 的操作界面

Unity 3D 是一个强大的集成游戏引擎的编辑器，它可以让开发者迅速高效地创建对象、导入外部资源，并且用代码把它们连接在一起，Unity 3D 编辑器是可视化的。Unity 3D 集成开发环境的默认布局分割为一系列不同的面板和带有标签的窗口，如图 3-14 所示。每个窗口都显示了编辑器某一方面的细节，并允许开发者在开发游戏时使用不同的功能。Unity 3D 的整体布局包括菜单栏、工具栏、提示栏和控制台、场景设计面板、游戏预览面板、游戏组成对象列表、项目面板和对象属性面板。

1. 菜单栏

菜单栏位于操作界面的上方，包含“File”“Edit”“Assets”“Gameobject”

“Component”“Vuforia”“Window”和“Help”菜单项，如图 3-15 所示。每个菜单下还有子菜单，用户可以根据不同的需要选择菜单，实现所需要的功能。

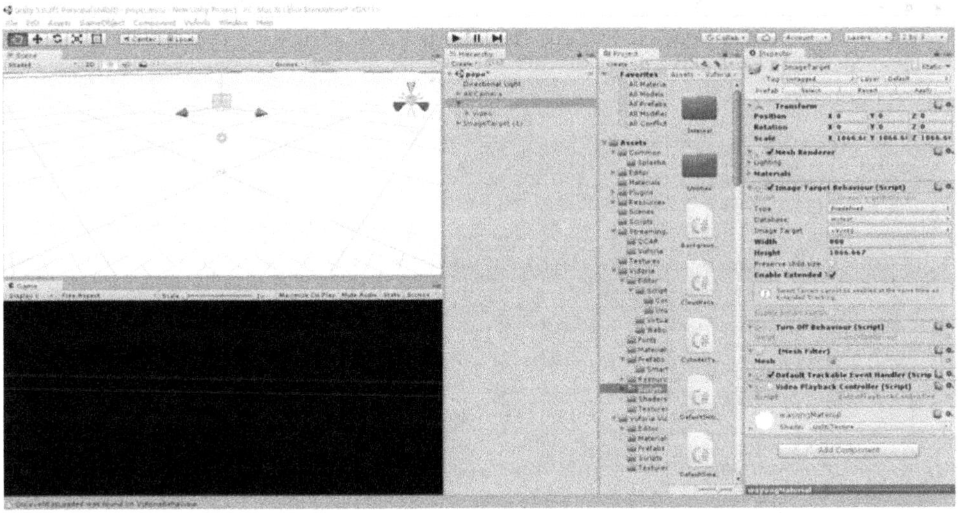

图 3-14 Unity 3D 集成开发环境的整体布局

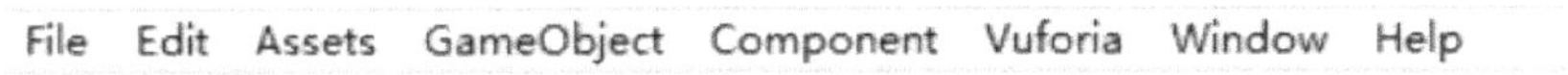

图 3-15 Unity 3D 菜单栏

2. 工具栏

工具栏位于菜单栏的下方，主要由变换工具、变换 Gizmo 切换、播放控件、分层下拉列表和布局下拉列表组成，如图 3-16 所示。

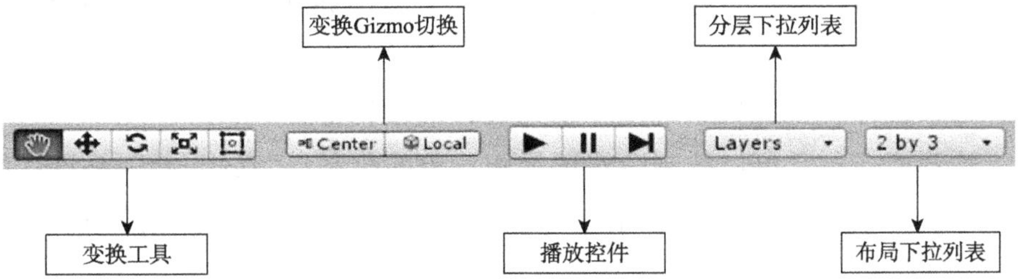

图 3-16 Unity 3D 工具栏

3. 提示栏和控制台

提示栏和控制台是 Unity 3D 集成开发环境中两个很有用的调试工具。可以通过“Ctrl+Shift+C”快捷键或菜单“Window”/“Console”打开控制台，也可以单击状态栏打开控制台，状态栏总是出现在编辑器的底部，如图 3-17 所示。

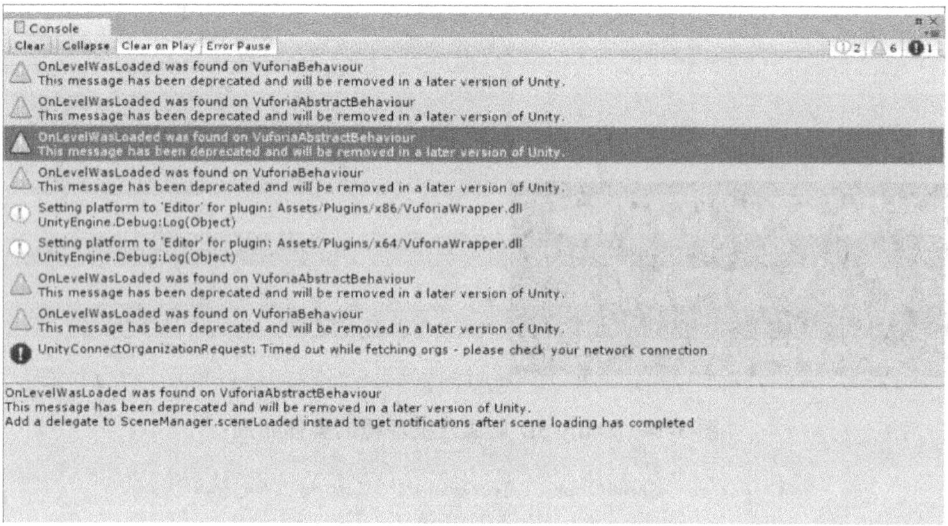

图 3-17　工作中的状态栏和控制台

4. 场景设计面板

场景设计面板是编辑器中最重要的面板之一，它是游戏世界或关卡的一个可视化表示，如图 3-18 所示。在场景设计面板中可以对游戏组成对象列表中的所有物体进行移动、操纵和放置，创建供玩家进行冒险和交互的物理空间。

场景设计面板的控制栏位于场景设计面板的上方。

绘制模式：它可以控制游戏场景中对象的绘制。“Textured”是默认的绘制模式，它表示对象会使用用户为其指定的颜色或贴图进行绘制。

渲染模式：它对开发者所开发游戏场景中的对象进行微调，进而优化。RGB 是默认的渲染模式，通常情况下会以带有颜色的方式来显示所有的对象。

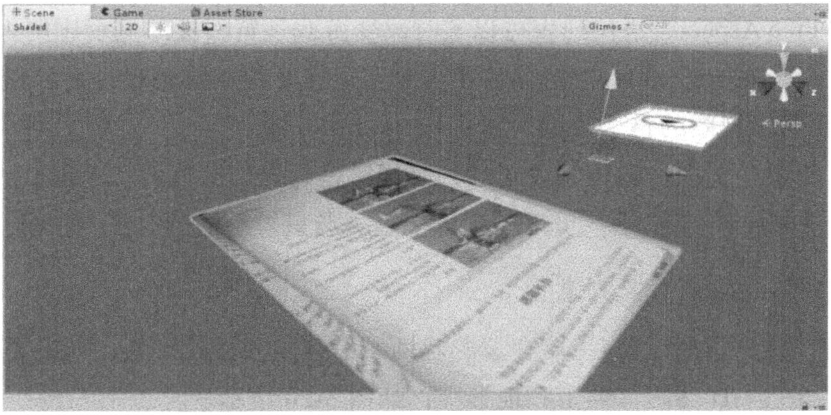

图 3-18　场景设计面板

场景光照：使场景设计面板在默认的内置光照和使用者自己实现的光照之间来回切换。

场景叠加：可以对摄像机进行更新，隐藏场景的网格。

5. 游戏预览面板

在“Default”布局下，游戏预览面板位于场景设计面板选项卡相邻的右边。在游戏预览面板里，游戏会像最后构建并发布时一样进行渲染，可以在任何时候使用这个面板在编辑器内测试或试玩游戏，而不需要停下来构建任何东西，如图 3-19 所示。

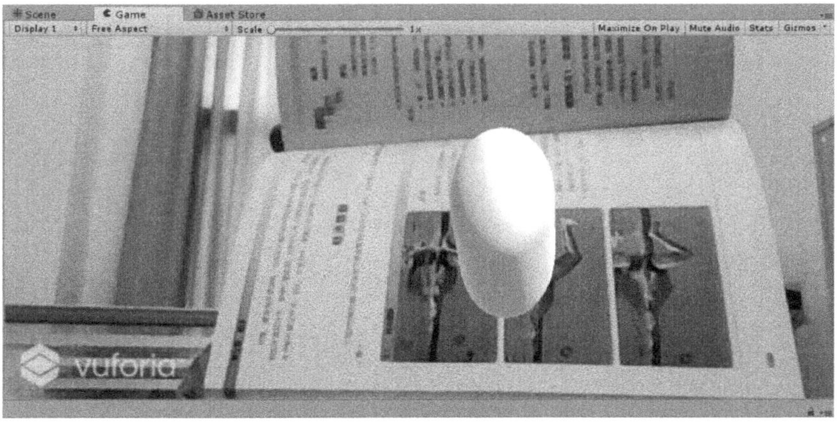

图 3-19　游戏预览面板

“Free Aspect”下拉列表可以实时改变游戏预览面板的显示比例。

“Maximize On Play”选项按钮可以实现在开始运行游戏时把游戏预览扩大到编辑视图的整个区域。

“Stats”选项按钮用于设置运行游戏时是否开启游戏的状态窗口。

“Gizmos”工具栏，可以勾选以便查看场景模型的所有工具信息。

6. 游戏组成对象列表

游戏组成对象列表主要存放游戏场景中具体的游戏对象，如摄像机、平面贴图、3D 贴图、模型和地形等，如图 3-20 所示。

7. 项目面板

项目面板主要存放游戏中用到的所有资源文件，常见的资源包括游戏脚本、预设、材质、动画、纹理、物理材质和 GUI（Graphical User Interface，图形用户界面）皮肤等，如图 3-21 所示。这些资源需要赋予“Hierarchy”视图中的某些游戏对象。

8. 对象属性面板

对象属性面板显示游戏中每个对象所包含的详细信息，如图 3-22 所

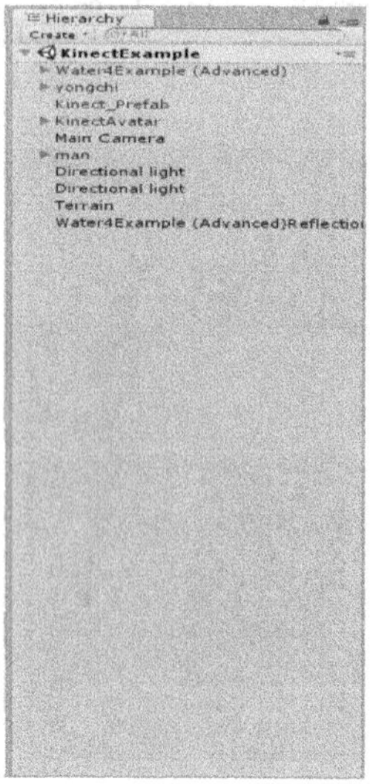

图 3-20　游戏组成对象列表

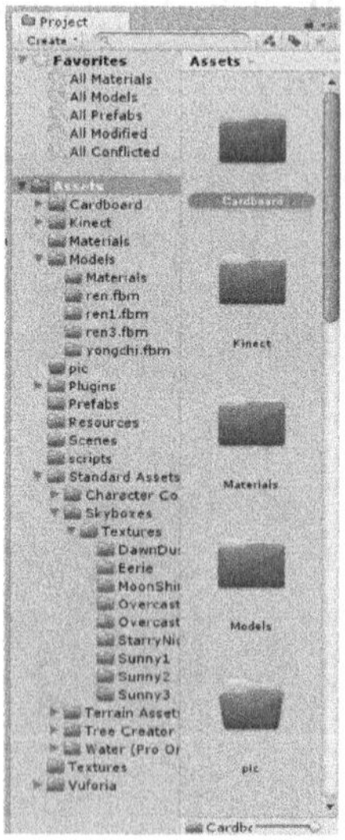

图 3-21　项目面板

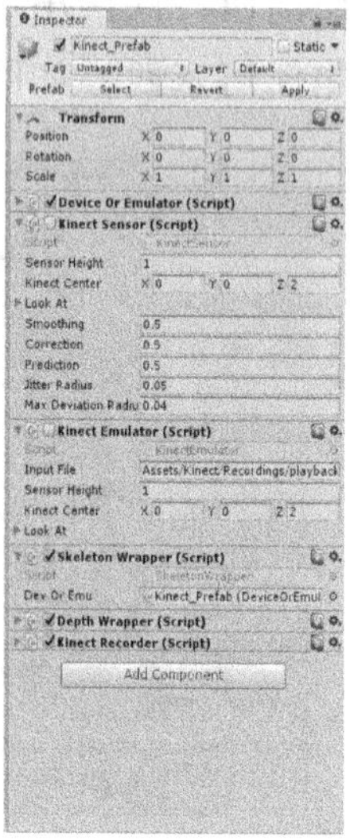

图 3-22　对象属性面板

示。对象属性面板中一般包括很多属性信息，虽然看上去有点复杂，但是每个对象对应的属性面板都遵循一定的原则。

（二）Unity 3D 的特点

Unity 3D 作为一款可以轻松创建三维视频游戏、建筑可视化、实时三维动画等互动内容的多平台的综合型游戏引擎，其具有如下特点。

（1）支持多种格式导入。

（2）高性能的灯光照明系统。

（3）AAA 级图像渲染引擎。

（4）NVIDIA 专业的物理引擎。

（5）友善的专业开发工具。

（6）高效率的路径寻找与人群仿真系统。

（7）逼真的粒子系统。

（8）强大的地形编辑器。

（9）良好的市场空间。

（10）智能界面设计，细节凸显专业。

（11）支持单机及在线游戏发布。

（12）具有协同开发系统。

（13）内置高写真动态材质模块。

（14）可视化脚本语言。

在 Unity 3D 强大的技术支持下，虚拟现实的效果可以轻而易举地实现，其中人机交互技术与其密不可分，人机交互技术主要研究方向有两个方面，分别是人如何命令系统和系统如何向用户提供信息。众所周知，人使用计算机时的感受（人机交互部分的友好度）直接影响人对系统的接受程度，而这两个方面直接决定了人机交互部分的友好度，这是 Unity 3D 与虚拟现实之间的主要关联。

Unity 3D 开发引擎在虚拟现实技术应用中，可以使计算机生成的虚拟物体或真实物体完成到真实世界的场景叠加，实现增强真实世界的效果。两者之间紧密结合的成果，也是目前虚拟现实受大家欢迎的原因所在。

二、Unity 3D 应用

Unity 3D 作为一款技术领先的游戏引擎，在目前的游戏引擎市场上完全占主导地位，国内、国外开发团队广泛使用。Unity 3D 引擎可以帮助开发人员制作出绚丽的 3D 效果，并可实时生成查看。目前已推出对应 iPhone、iPad、PC、Mac、Android、Wii、PS3、Xbox360 等平台的版本，促进了游戏跨平台的应用。Unity 3D 拥有良好、完整的开发用户支持，能够实现真实的 3D 虚拟现实图形渲染效果，并且能够使用 C#脚本作为编程语言编写强大的虚拟交互功能，同时它的组件支持利用插件进行各种外设开发。因此，本研究使用 Unity 3D 开发平台对虚拟现实游泳课程教学系统进行开发。图 3-23 所示的是虚拟现实游泳课程教学系统在 Unity 3D 开发平台中的主场景界面。

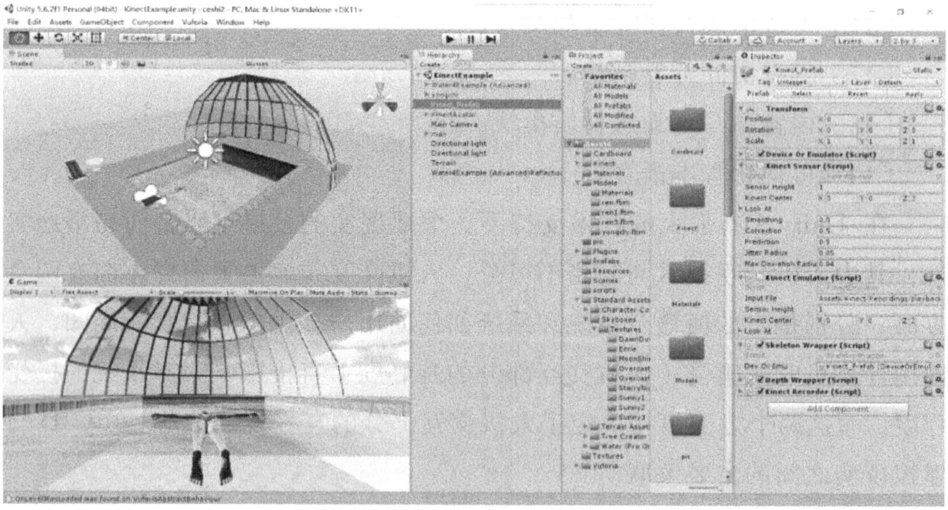

图 3-23　虚拟现实游泳教学系统在 Unity 3D 开发平台中的主场景界面

第三节 3ds Max 虚拟建模工具

随着计算机软硬件技术的快速发展，三维建模和虚拟现实技术已经越来越普及，并被广泛运用于各个领域。虚拟现实中模型的建立是整个虚拟系统构建的基础，使用主流语言基本上可以完成一个三维交互式的虚拟现实交互系统的编写，可程序设计需要巨大的程序代码行。一个超大的方便、快捷的平台或集成工具可以帮助用户制作虚拟的三维场景和动画，还可以关联已有的建模软件。在虚拟现实建模的工具软件上有很多选择，如 3ds Max、Superscape VRT、Multigen Createor 及 Maya 等，而 3ds Max 以其灵活的操作方式、强大的动画功能和超强的外挂插件受到广大用户的欢迎。

一、3ds Max 概述

3D Studio Max 常简称为“3ds Max”或“3D Max”，是原 Discreet 公司早期开发的基于 PC 系统的三维动画渲染和制作软件。在 Windows NT 出现以前，工业级的 CG 制作被 SGI 图形工作站垄断。3ds Max + Windows NT 组合的出现降低了 CG 制作的门槛，起初运用在电脑游戏中的动画制作，后来开始参与影视特效的制作。在 Discreet 3ds Max 7 后，其正式更名为 Autodesk 3ds Max，最新版本是 3ds Max 2018。

（一）3ds Max 的操作界面

3ds Max 的操作界面主要由菜单栏、工具栏、命令面板、视图区、状态提示区、视图控制区、动画控制区等部分组成，如图 3-24 所示。

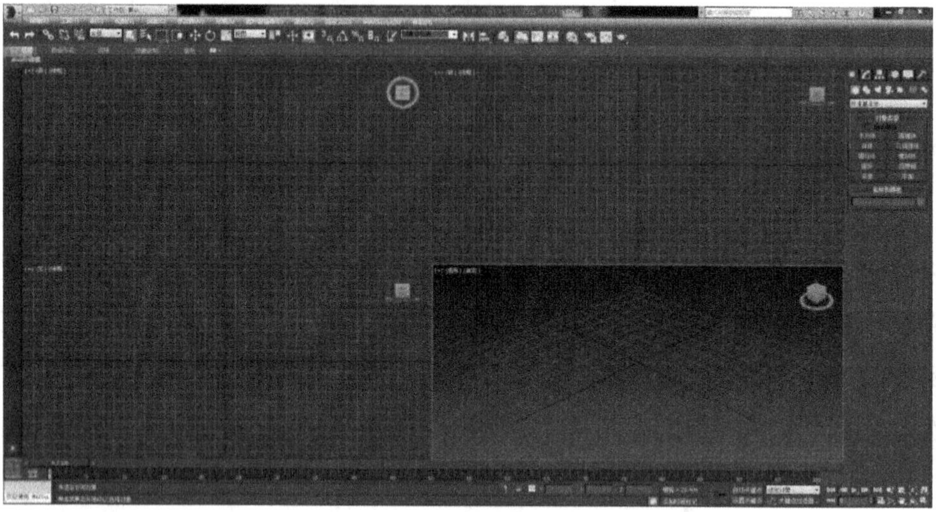

图 3-24　3ds Max 的操作界面

1. 菜单栏

菜单栏位于界面上方，共有 12 个主要菜单项，如图 3-25 所示。

图 3-25　3ds Max 的菜单栏

2. 工具栏

工具栏位于菜单栏的下方，由若干个常用工具的快捷按钮组成，如图 3-26 所示。

图 3-26　3ds Max 的工具栏

3. 命令面板

3ds Max 操作界面的右侧为命令面板。作为 3ds Max 的核心，命令面板包含了在场景中构建模型和编辑物体常用的工具和命令，由创建、修改、层次、运动、显示和应用程序六部分构成，如图 3-27 所示。

图 3-27　3ds Max 的命令面板

4. 视图区

视图区是主要的工作区，用户可以通过它从各种角度观看所建立的三维场景，它由顶视图、前视图、左视图和透视图组成，如图 3-28 所示。

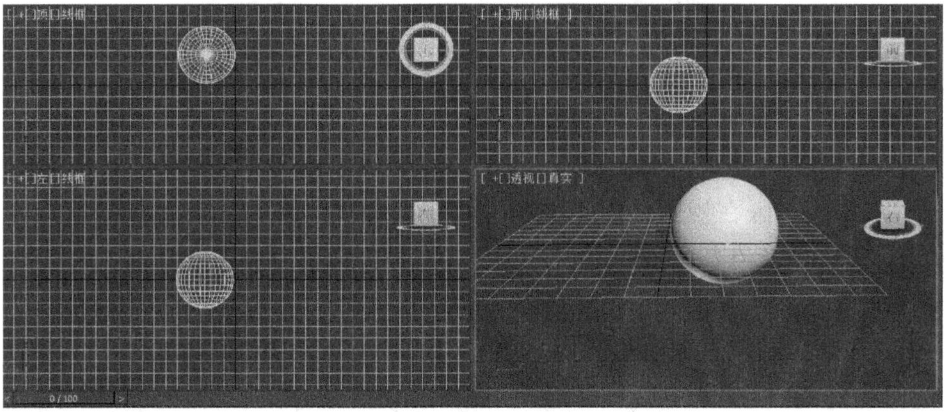

图 3-28　3ds Max 的视图区

5. 状态提示区

状态提示区位于界面的下方，X、Y、Z 三个显示框提供当前物体的位置信息，当进行物体编辑时，其可以提供相应的编辑参数。此外，状态提示区还可以实时显示下一步可进行的操作，如图 3-29 所示。

图 3-29　3ds Max 的状态提示区

6. 视图控制区

视图控制区位于视图的右下角，如图 3-30 所示。其中的控制按钮可以用于控制视图区中各个视图的显示状态。另外，视图控制区中的各个按钮会因所用视图的不同而呈现不同状态。

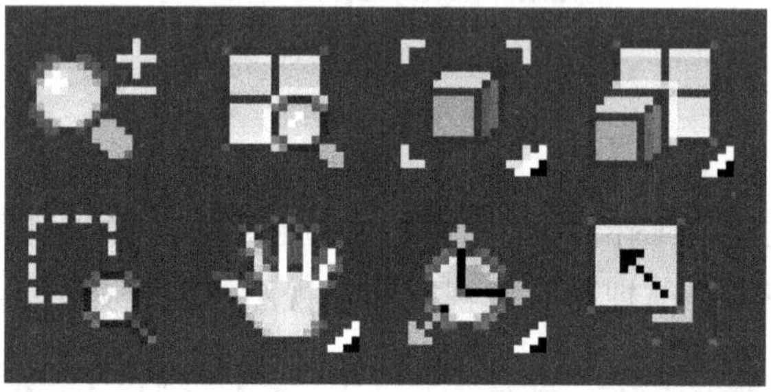

图 3-30　3ds Max 的视图控制区

7. 动画控制区

动画控制区在视图控制区的左边，主要提供动画记录开关按钮以及播放动画的一些控制工具，并可以完成对动画的时间、播放特性的一些设定工作，如图 3-31 所示。

图 3-31　3ds Max 的动画控制区

（二）3ds Max 的功能和优点[39]

1. Slate 材质编辑器

使用 Slate 材质编辑器可以轻松可视化和编辑材质分量关系，这个新的基于节点的编辑器可以大大改进创建和编辑复杂材质网络的工作流程与提高生产力。直观的结构视图框架能够处理当今复杂的制作所需的大量材质。

2. Quicksilver 硬件渲染器

使用Quicksilver硬件渲染器可以在较短的时间内制作高保真可视化预览、动画和游戏方面的营销资料。它是一种创新型硬件渲染器，可以以惊人的速度制作高品质的图像。这个新的多线程渲染引擎同时使用 CPU 和 GPU，支持 Alpha 和 Z 缓冲区渲染元素、景深、运动模糊、动态反射、区域、光度学、环境遮断和间接灯光效果，以及精度自适应阴影贴图，并能以大于屏幕的分辨率进行渲染。

3. Containers 本地编辑

通过让用户在引用内容之上非破坏性地添加本地编辑层，从而大大改进 Containers 本地编辑的工作流程，更高效地进行协作。通过并行工作满足时限要求，即在一个用户迭代编辑嵌套未锁定时，另一个用户可以继续精调基本数据。多个用户可以同时修改同一嵌套的不同元素，还可以防止同时编辑同一个分量。

4. 建模与纹理改进

利用扩展 Graphite 建模和视口画布工具集的新工具可以加快建模与纹理制作速度。这一可以在视口内进行 3D 绘画和纹理编辑的修订工具集具有使用对象笔刷进行绘画以在场景内创建几何体的功能，拥有用于编辑 UVW 坐标的新笔刷界面及用于扩展边循环的交互式工具。

5. 3ds Max 材质的视口显示

利用在视口中查看大部分 3ds Max 纹理贴图与材质的新功能，可以在高保真交互式显示环境中开发和精调场景，而无需不断地重新渲染。建模人员和动画师可以在一个更紧密匹配最终输出的环境中做出交互式决定，从而减少错误。

6. 3ds Max Composite 工具集

利用 3ds Max Composite 工具集改进渲染传递并把它们融合到实拍镜头中主要是基于 Autodesk Toxik 技术的全功能、高性能 HDR 合成器。3ds Max Composite 工具集整合了抠像、校色、摄像机贴图、光栅与矢量绘画，以及基于样条的变形、运动模糊、景深和支持立体视觉效果制作的工具。

7. 前后关联的直接操纵用户界面

利用新的前后关联的多边形建模工具用户界面不仅节省建模时间，而且始终专注于当前的创作任务，该界面让建模人员不必把鼠标从模型上移开。建模人员可以交互式地操纵属性，直接在视口中的兴趣点输入数值，并在提交修改之前预览结果。

8. CAT 集成

使用角色动画工具包（CAT）可以较轻松地制作和管理角色，分层、加载、保存、重新贴图和镜像动画。CAT 工具包集现已完全集成在 3ds Max 之中，提供了一个开箱即用的高级搭建和制作动画系统。通过其便利、灵活的工具集，动画师可以使用 CAT 工具包中的默认设置在更短的时间内取得高质量的结果，或者为更苛刻的角色设置自定义骨架，以加入任意形态、嵌入式自定义行为和程序性控制器。

9. Ribbon 布局自定义

利用自定义的 Ribbon 布局使可用工作空间最大化，并专注于对专业化工作流程最有意义的功能。创建和存储个性化用户界面配置，包括常用的操作项和宏脚本，并能轻触热键或按钮切换这些配置的显示。

10. 更新的 OpenEXR 图像输入输出插件

更新的 OpenEXR 插件可在一个 EXR 文件中支持无限数量的层，并能自动把渲染元素和 G 缓冲区通道存储到 EXR 层。

11. 与 Autodesk Revit 连通的 FBX 文件链接

利用新的 FBX 文件链接，接收和管理从 Autodesk Revit Architecture 导入的文件的更新。

12. 本地实体导入/导出

在 3ds Max 中支持的 SAT 文件可以与其他 CAD 软件之间非破坏性地传递修剪表面和实体模型的装配。

13. Autodesk 材质库

从多达 1200 个材质模板中进行选择，更精确地与其他 Autodesk 软件交换材质。

14. Google SketchUp Importer 拉伸软件

支持高效地把 Google SketchUp 拉伸软件的文件导入 3ds Max。

二、3ds Max 的应用

3ds Max 集三维建模、材质制作、灯光设定、摄像机使用、动画设置及渲染输出于一体，提供了三维动画及静态效果图的全面完整的解决方案。3ds Max 广泛应用于广告、影视、工业设计、建筑设计、多媒体制作、游戏和辅助教学等领域，并与虚拟现实软件全面兼容。

3ds Max 也是当今世界上应用领域最广的三维设计软件，3ds Max 主要应用于以下几个领域[40]。

（一）影视动画

3ds Max 不仅可以创建逼真的三维场景，生成栩栩如生的三维角色，还可以创建只有在计算机中才能存在的奇幻世界，极大地拓展了人们的视觉空间。因此，3ds Max 最常应用于影视动画行业。另外，利用 3ds Max 可以制作出炫目的影视广告。在电影中，利用 3ds Max 可以完成真实世界中无法完成的特效，甚至制作大型的虚拟场景，使影片更震撼。例如，《阿凡达》《诸神之战》《2012》等热门电影都利用了先进的 3D 技术。

3ds Max 系列最早只是用于制作精度要求不高的电视广告，随着 HD（High Definition，高清晰度）电视的兴起，3ds Max 毫不犹豫地进入了这一领域，而 Discreet 公司显然有更高的追求，制作电影级别的动画一直是他们奋斗的目标。

（二）建筑园林设计和室内表现

在国内的建筑园林设计和室内表现行业中，大量优秀的规划师和设计师都将 3ds Max 作为辅助设计和设计表现工具，通过 3ds Max 诠释设计作品，能够产生强烈的视觉冲击效果，如北京申奥宣传片就采用了先进的 3D 技术。

绘制建筑效果图和室内装修图也可以利用 3ds Max 系列产品。先前的版本由于技术不完善，制作完成后，经常需要用位图软件加以处理；而现在的 3ds Max 直接渲染输出的效果就能够达到实际应用水平，而由于动画技术和后期处理技术的提高，它也逐渐应用于制作大型社区的电视动画广告。

（三）工业设计

3ds Max 正成为产品造型设计过程中最为实用的技术手段，它极大地拓展了设计师的思维空间。在新产品的研制开发过程中，可以利用 3ds Max 进行计算机辅助设计，在产品批量生产之前模拟产品实际的工作情况，监测其造型与结构在实际使用过程中的缺陷，并及早做出相应的改进，以避免设计失误而造成巨大损失。例如，汽车、机械制造等行业大都使用 3ds Max 制作产品宣传动画。

（四）游戏领域

在游戏领域中，大多数游戏公司选择使用 3ds Max 来制作角色模型和场景环境，这样可以最大限度地减少模型的面数，增强游戏的性能，主要客户有 EA、Epic、SEGA 等公司。例如，大名鼎鼎的《古墓丽影》系列就是 3ds Max 的杰作。即使是个人爱好者，利用 3ds Max 也能够轻松地制作一些动画角色。对于 3ds Max 的应用范围，只要充分发挥想象力，就可以将其运用在各种设计领域。

（五）3ds Max 在虚拟现实游泳教学系统中的应用

在虚拟现实游泳课程教学系统中，通过 3ds Max 可以高效地进行虚拟物体的建模工作，同时它拥有强大的材质、贴图特效编辑器功能，帮助建立真实的虚拟世界。3D 模型是构成虚拟场景的必要元素，因此在虚拟现实游泳课程教学系统中需要建立一些 3D 模型。

人物模型如图 3-32 所示。它是场景教学示例中的一个动画模型，是使用者在虚拟场景中的化身。

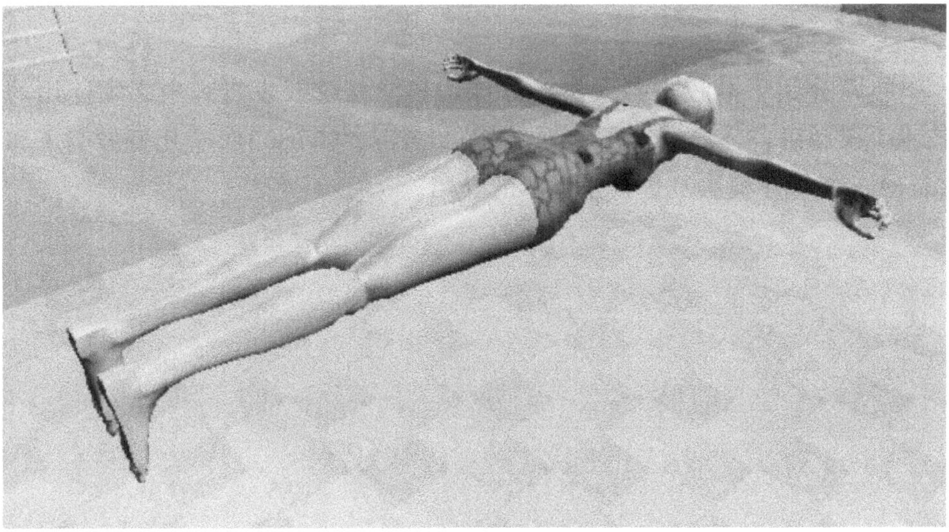

图 3-32　人物模型

泳池模型如图 3-33 所示。它主要是实现泳池的功能，让人在设定的泳池中学习和训练。

图 3-33　泳池模型

本章小结

本章介绍了高校虚拟现实游泳课程教学系统开发过程中必须使用的技术手段和语言环境，对开发使用的 C#语言、Unity 3D 应用开发引擎和 3ds Max 虚拟建模工具进行了详尽的介绍。

第四章

高校虚拟现实游泳课程教学系统开发与应用

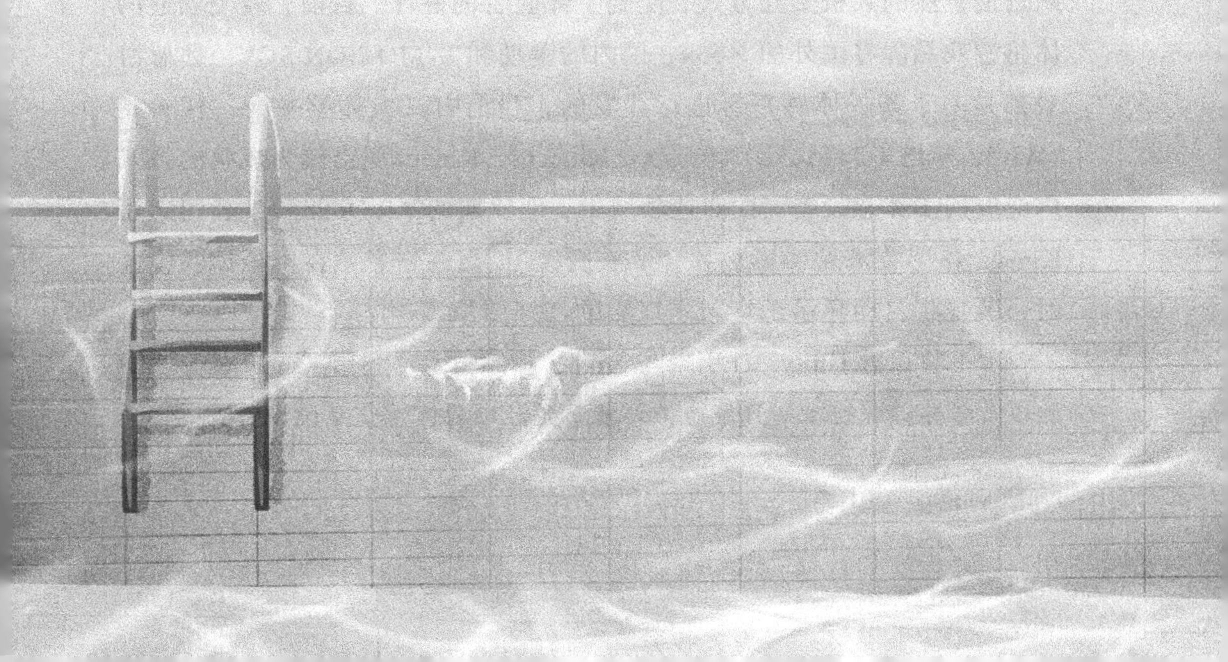

第一节 Kinect 体感交互应用开发

2014 年，国务院印发国发〔2014〕46 号文件《国务院关于加快发展体育产业促进体育消费的若干意见》，在 46 号文件的全面部署下，应用体感交互技术设计开始被人们关注，它可以辅助各类体育项目应用研究，还有利于推动体育事业和产业的发展。在这个大背景下，体感技术与体育运动结合已经成为一种时尚。

体感技术的鼻祖是“动作捕捉”，1915 年 Max Fleischer（马克思・费舍尔）的 Rotoscope 技术便是“动作捕捉”的开端。体感技术不仅可以捕捉人体的骨骼动作，还能与周围的设备或者环境进行交互，到如今已经成功地应用于许多领域，如虚拟现实技术、游戏平台、人体工程学研究、模拟训练、生物力学、医学、商业、智能家居研究等。体感技术在游戏方面的成就尤为突出，与传统的游戏相比，体感游戏的交互方式更贴近最自然的人机交互方式，受到了体验者的好评。目前，较受欢迎的体感游戏品牌有国外的 Xbox、国内的爱动和 INMOTION SCV。体感游戏都是基于某一体感平台进行开发的，目前有三大体感平台：任天堂（Wii）、索尼（Ps Move）和微软（Kinect），Kinect 凭借较为成熟的技术广泛应用于体感设备。在商业领域中，俄罗斯的 AR Door 科技公司运用 Kinect 体感技术发明了一款“试衣魔镜”，当购物者站在虚拟试衣镜前时，装置将自动显示试穿新衣以后的三维图像。

本书将探讨 Unity 3D 引擎与 Kinect 体感技术，利用 Kinect 的光学感测以及骨骼追踪技术，开发虚拟环境下游泳项目体感交互设计。

一、Kinect 插件应用

（一）Kinect SDK 安装

在安装 Kinect SDK 前关闭 Visual Studio，便于后期 Kinect 环境的配置，同时确认 Kinect 设备没有插到 PC 端的 USB 接口上。Kinect SDK 安装包中包含了 Kinect for Windows SDK 和 Developer Toolkit，两部分需要单独安装，在安装 Developer Toolkit 之前必须完成 Kinect for Windows SDK 的安装。Kinect SDK 安装完毕后，在设备管理中可以看到 Microsoft Kinect 包括 Microsoft Kinect Audio Array Control、Microsoft Kinect Camera 和 Microsoft Kinect Security Control 等插件。

将 Kinect 硬件设备接上外部电源，再通过 USB 接口与 PC 端进行连接，从而加载 Microsoft Kinect 驱动程序。本书使用的是 Kinect for Windows 这款硬件，当绿色 LED 灯持续亮时表明驱动安装成功，单击相应图标便可运行。

（二）Unity 3D 与 Kinect 结合的相关插件

Unity 3D 与 Kinect 结合的方法有以下几种。

（1）使用卡耐基梅隆研究出的插件 KinectWrapper.unitypackage 实现 Unity 3D 与 Kinect 的数据传输；Kinect Wrapper package 中间件最初由卡耐基梅隆大学 CMU 团队开发，在发布了 1.7 版本后便不再更新，我国 YuYuYouEr 公司对其进行了封装和修复，具有人脸识别、语音识别、骨骼数据采集等功能。

（2）Kinect with MS-SDK 由 Unity 3D 游戏引擎官方制作，并可通过 Unity 3D 内置的官方商店进行下载，其需要 Unity 3D 的版本为 4.6.1 或者更高。Kinect with MS-SDK 只适用于 Kinect V1 版本，通过导入插件包的方式导入到 Unity 3D 中，包含了 Kinect 在 Unity 3D 中开发的主要脚本，可以进行 Kinect 交互、语音识别、RGB 图像采集、深度图像采集、骨骼信息导入等工作。

（3）OpenNI 官方提供了 OpenNI_Unity_Toolkit-0.9.7.4.unity package，但官方已经不再提供更新与支持， Unity 3D 3.4 以下版本方可使用，否则需要对代码进行修改。

（4）可以选择使用 Zigfu，网上评价较高，需要购买。

（5）Adevine1618 也开发了插件，但现在已经不再维护，所以使用不便。

（6）可以使用 C#、C++或 Java 语言编写针对 Kinect 的程序，封装成 dll。

（三）Kinect 应用实现

本书选择卡耐基梅隆研究出的插件 KinectWrapper.unitypackage 对 Kinect 与 Unity 3D 进行数据传输。微软官网上公布的安装包的最高版本为 Kinect SDK 1.5，而 1.5 以上的版本需要替换文件。本书使用的是 Kinect SDK 1.7 版本、KinectWrapper.unitypackage 和 Unity 3D 4.x 版本。

具体安装使用步骤如下：①新建一个 Unity 3D 项目；②导入已经下载的 KinectWrapper.unitypackage 安装包；③将 KinectWrapper.unitypackage 导入 Unity 3D。

KinectWrapper.unitypackage 导入后会有 Materials、Models、Scenes、Textures、Kinect 和 Prefabs 这几个文件夹，Kinect 和 Prefabs 是主要的两个文件，其中 Kinect 文件夹中有所有的包所含的代码。

KinectModelControllerV2 这个脚本用于控制模型，Kinect 获取到的骨骼能让模型跟着人动起来。将人体模型的骨骼匹配到脚本暴露的骨骼变量（全局变量）上，就能将模型的骨骼与 Kinect 识别到的人的骨骼进行绑定。这个插件允许两个玩家进行控制，该脚本的全局变量 Player 可以设置该模型是由哪一个玩家控制，0 为第一个玩家，1 为第二个玩家。可以自己编写一个控制模型的代码将其替换。

KinectPointController 脚本可以控制一组有共同父级的游戏物体，这些游戏物体是一系列分别代表头部、肩部、手部等人体部位的点，将这些点都拖放到该脚本的暴露变量（全局变量）中，便可以使用 Kinect 控制。以下将列举实现体感交互的重要脚本。

DeviceOrEmulator：该脚本的作用是判断使用 Kinect 物理设备还是 Kinect 模拟设备。

DepthWrapper：该脚本的作用是获取人的深度图像数据。

SkeletonWrapper：该脚本的作用是获取骨骼数据，且最多可以获取两个人的骨骼。

KinectInterop：该脚本的作用是从 Microsoft Kinect SDK 里获取数据，是 Kinect 与 Unity 3D 数据传输的关键。

DisplayDepth：该脚本的作用是获取人的深度图像。

DisplayColor：该脚本的作用是获取人的 RGB 图像。

KinectRecorder：该脚本的作用是记录动作，并为 Kinect 模拟器产生回放文件，只有使用模拟器的时候会用到。

KinectEmulator：该脚本的作用是模拟 Kinect 设备，与 KinectRecorder 产生的回放文件一同运行。

KinectSensor：该脚本的作用是利用 KinectInterop 获取 Kinect 中的数据。若需要使用特用版本的 SDK 就替换这个文件。

Kinect 文件夹中的 Kinect_prefab 是每个游戏场景中所必需的预设物，可以手动为每个场景添加该预设物，但通常在为第一个游戏场景添加 Kinect_prefab 后，会调用 Unity 3D 中自带的 DontDestroyOnLoad 函数来实现场景更换预设保留的功能，进入新场景后需要在新场景的 Star 函数中调用自带的 Find 函数 gameobject.Find(“Kinect_prefab”, GetComponent(“”)) 获取预设物中的组件。

二、设计思路

（一）关于体感设计的构思

近些年，体感娱乐已经逐渐成为一种时尚，作为一种娱乐性的宣传手段，体感技术已经逐步被引入体育项目中，体感运动让人们在没有场地的情况下也能体验相应的运动项目。爱动在线体感运动品牌下的体感娱乐产品便是典型的体感运动。结合体感交互技术，实现游泳项目教学的虚拟交互运动方式，达到建立一种崭新的体育运动教学模式的目的，体感技术进入教育领域也有利于我国教育信息化的发展。

（二）体感交互的设想

强大的虚拟体感交互技术能让人们在运动的同时还有身临其境的感觉，充分体验运动的乐趣，并伴随较强的娱乐性与教育性。本书希望通过对 3D 互动、体感技术的探索，达到建立一种崭新的体育运动教学模式的目的。

体感交互真正体现在Kinect设备获取的人体运动轨迹与之前创建的运动场景及人物模型结合，关键就是将获取的运动轨迹与人物模型同步，经过文献资料查找，最终选择 Kinect 作为体感开发平台，通过 KinectWrapper.unitypackage 插件实现 Unity 3D 与 Kinect 的结合。

Kinect 识别人体运动轨迹的基本原理是将人体从深度图像中扣出来，人体分离的原理就如天文专家会选择在没有光源污染、天空处于极度黑暗的状态下观察星星。为了最大限度降低环境对人体分离的干扰，会选择在背景为白色的室内进行。由于系统会将距离 Kinect 较近的“大”字形的物体视为人体目标，体验者可以在距离设备合适地点摆出“大”字形，从而有利于设备对人体的识别。

三、体感交互设计过程

（一）模型建立

本部分主要讲述游泳场馆模型和人体模型的制作方法，其中包括 3ds Max 的模型建立、材质和 UV 贴图。

1. 3ds Max 建立模型

3ds Max 全名为 3D Studio Max，是一款三维动画制作和渲染的软件，功能强大且对硬件配置要求低，许多人喜欢使用这款软件建模。建模的方法有很多种，最常见的方法是多边形建模，本设计中的游泳场馆和人体的建立主要是使用这一建模方法，它是利用顶点、线条、边界、多边形（面）、元素（整体）这五个层级创建模型，对象变为“可编辑多边形”即可修改模型。除此建模方法外，还有以下几种。

（1）内置模型建模。3ds Max 里面有很多系统自带的简单模型，可以直接利用它们修改成设计需要的模型，只要将其变成“可编辑多边形”即可。

（2）复合对象建模。这是一组特殊的命令，包括变形、一致、水滴网格、布尔、放样、ProBoolean、散布、连接、图形合并、地形、网格化、ProCutter。它可以将两个或两个以上的模型按照一定的规律组合出一个新模型并且可以将组合过程记录下来。

（3）二维图形建模。这个方法就是将样条线通过修改器的各种命令组合成三维模型。

（4）网格建模。将模型变为“可编辑网格”，利用点、线、面三个层级进行编辑模型。

（5）片面建模。将模型变为“可编辑片面”，模型会变成曲面状，表面光滑，适合创建表面柔和的模型。

（6）NURBS 建模。这种方法适用于创建曲面。

模型的创建是灵活多变的，一个复杂的模型可能会包含多种创建方法，而不能局限于单种方法创建模型。本书主要采用多边形建模。

2. 游泳场馆模型的创建

游泳场馆模型（图 4-1）由各种零件组合而成。在创建场景模型过程中主要采用以下功能：①切割。对象是点或者边，点击一个对象拖动到另一个对象即可切割。②面挤出。对象是多边形（面），选择面拖动，面会挤出或者内陷。③壳。是让面有了“厚度”的修改器。④切角。是让生硬的角加线变成弧面。⑤FFD 修改器。可以使生硬的模型变得柔软。⑥放样。是有“获取路径”“获取图形”两种方法，先选择路径然后获取图形放样与先选择截面图形然后获取路径图形放样是相同的结果。⑦车削。平面按轴旋转生成模型。

图 4-1　渲染后的游泳场馆模型

泳池底部使用内置模型长方体修改而成，长方体的长、宽、高分别设置为 500 厘米、400 厘米、350 厘米。运用“切割”和“挤出”两个命令，先使用“切割”把长方体的顶部一面切出四条边并且使其相交，再使用“挤出”把切割出的中间的大长方形挤入长方体内部，从而形成池状。场馆地面是使用泳池底部最外一个边界拓展出来的，依照边框创建出样条线，在“样条线”层级使用“轮廓”命令，做出一个更大的边框，最后同时选择这两条样条线，使用“面挤出”修改器，形成场馆的地面。游泳场馆上面的玻璃顶是利用内置模型球体修改而成的，首先设置球体半径及段数，设置“半球”参数使其成为半球，然后更改半球为“可编辑多边形”进行编辑，删除一半，留下四分之一球体，对球体的边使用“切角”命令，使球体变成网格状，又使用“切角”使这些边形成晶格状，最后使用“挤出”

做出玻璃窗的形状。沙滩躺椅是利用内置模型修改出许多小零件再拼凑而成的，它的曲面布料使用到了 FFD 修改器，使仅有 1 毫米高的长方体变成曲面状；圆桌是用平面车削成的。小梯运用到了复合对象建模中的“放样”命令，跳台其实是两个长方体叠加，上面的长方体使用“切角”柔化棱角。

3. 人体模型的创建

（1）创建模型

在创建人体模型的过程中采用了以下功能：①连接。点与点连接，边与边连接，增加面。②断开。将线移除，点保留，减面。③塌陷。合并、减少线段。④桥接。一个对象内线与线连成面从而相接。⑤涡轮平滑。加面修改器，用增加面的方式使模型变得平滑。⑥绘制变形。利用画笔修改面，主要功能有“推/拉”和“松弛”，方向分为原始法线、变形法线、变换轴（X、Y、Z），可以通过改变画笔的推拉值、笔刷大小、笔刷强度来控制变形程度。

创建人体模型需要操作者有一定的美术功底且对人体结构有一定的了解，如图 4-2 所示。创建人体模型主要运用多边形建模，在初建形体的时候用到了内置模型，将三个内置模型作为头、上身（没有手臂）、臀部（没有双腿），并进行一些简单的修改，桥接起来，然后做出双臂截面和髋及大腿截面，将手臂和双腿按照人体比例挤出，形成人体的最初形态。再用“切割”“连接”“断开”“塌陷”“桥接”等命令绘制出人的基本结构（包括双手双脚），在“可编辑多边形”上添加“涡轮平滑”修改器，使人体表面变得平滑，最后反复使用“绘制变形”里面的命令修改面，让人体结构更加形象生动。身体做好后开始着手、头部、五官及细节的处理。在制作过程中需要尽可能使得每一个面都是四边面，一些转角可以使用五边面，如髋骨位置是用五边的顶点做转角的。拉线的时候要符合实际中人体肌肉的走向，手臂和大腿的肌肉要有与骨骼垂直的线，这样才有利于制作模型骨骼动画。要注意检查是否有多点，若有需要及时消除，否则会影响蒙皮。

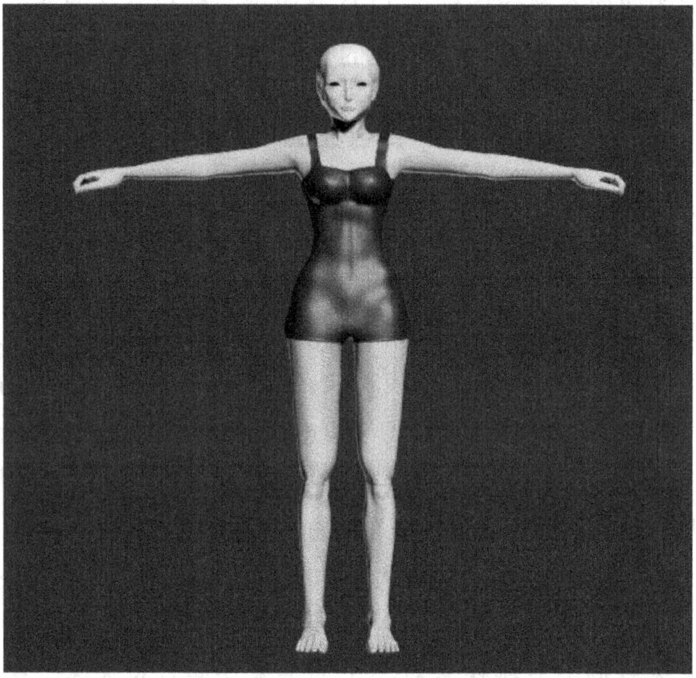

图 4-2 人体模型

（2）UVW 展开

UVW 展开是为了得到更适合贴图的模型 UV。模型制作完善后，在做 UV 之前应先将“涡轮平滑”删除，还要将模型原有的 UV 删除，为了删除原 UV，要将模型改变成“可编辑网格”，在“实用工具”中选择“更多”，利用“UVW 移除”可将模型原有的 UV 移除，最后将模型对称删除一半。

将原 UV 移除后便可以将模型更改回“可编辑多边形”，添加 UV 展开修改器，先用线切出手臂的部分做 UV 展开，再将手掌切出，把食指和无名指切出，这样有利于 UV 展开，要注意接缝隐藏，然后把头部切出，再单独切出耳朵、喉管，并将它们在 UV 编辑器中一一展开，尽可能让人体模型上显示的马赛克分布规整，为正方形。完成 UV 展开后将

UV 展开修改器删除，使用对称将模型恢复整体，然后用“塌陷”命令，再使用 UV 展开修改器，把身体和头部的 UV 缝合，并将 UV 按照比例摆放好，检查是否有点重叠，若没有就说明 UV 已经做好，可以烘焙出来，得到一张黑底白线绿边的 UV 图，以备在制作人体贴图的时候使用，如图 4-3 所示。

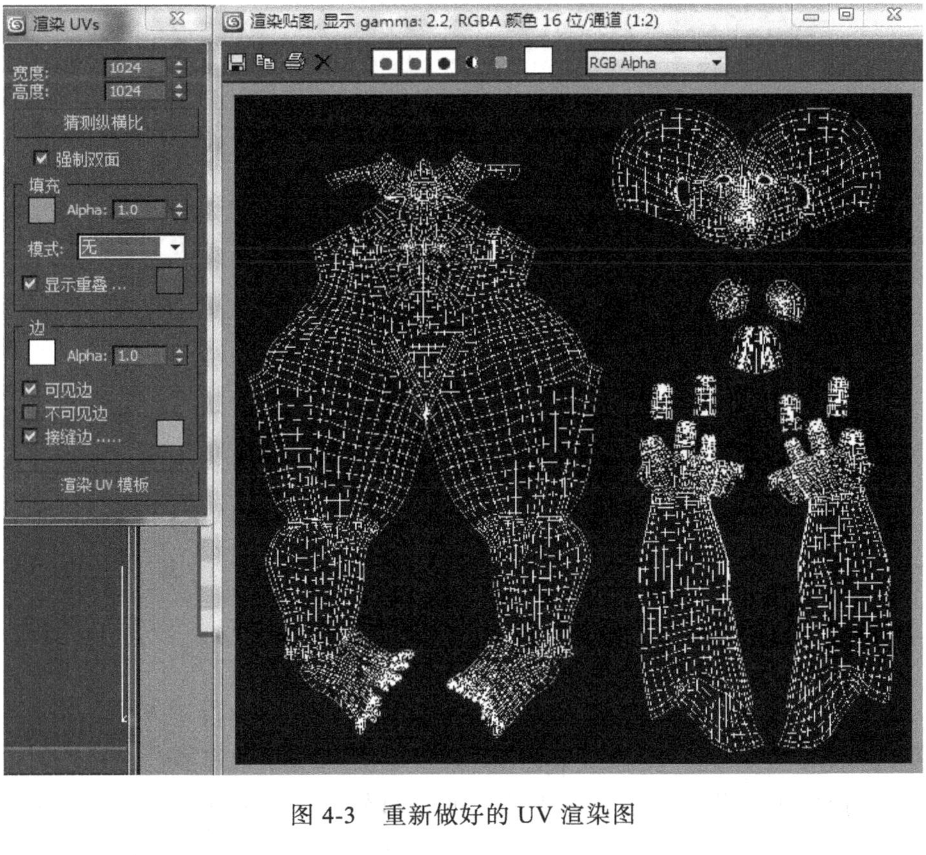

图 4-3　重新做好的 UV 渲染图

（3）骨骼制作

目前 3ds Max 中有三种骨骼，分别是 Biped、Bone、CAT，本设计只使用前两种骨骼。Biped 骨骼很方便，也很传统，提供了骨架模型，只需要按照人体模型的大小调整各个骨骼的大小，但该骨骼只有在运动面板中的体形模式开启时才能更改骨骼大小，且初始手指和脚趾都只有一个，需要单独设置，如果有辫子或者尾巴也需要另外添加，骨骼旋转控制与实际的旋转相符，如图 4-4 所示。

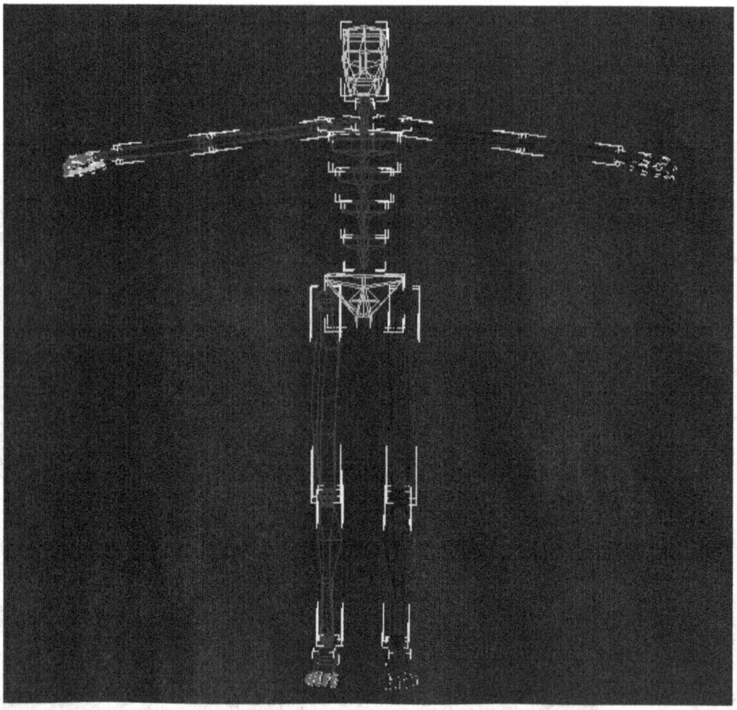

图 4-4　独立出来的 Biped 骨骼

Bone 骨骼是一块一块拖拽出来的，腿部由上至下拖拽出五节，最后一节作为尾部，臀部由上至下共有两节，第二节为尾部，腰部脊椎到透骨由下至上拖拽出六节，从上臂到手掌拖拽出四节，手指根部到指尖方向拖拽出三节，骨骼有前、后、侧翼控制肌肉，利用父子关系将骨骼串联到一起，如图 4-5 所示。

CAT 是目前做骨骼动画最强大的骨骼，由于本课题未涉及动画制作，所以没有使用这一项。Biped 骨骼与 Bone 骨骼的制作方式虽然有所区别，但是它们后期运行与互动的效果是相同的。

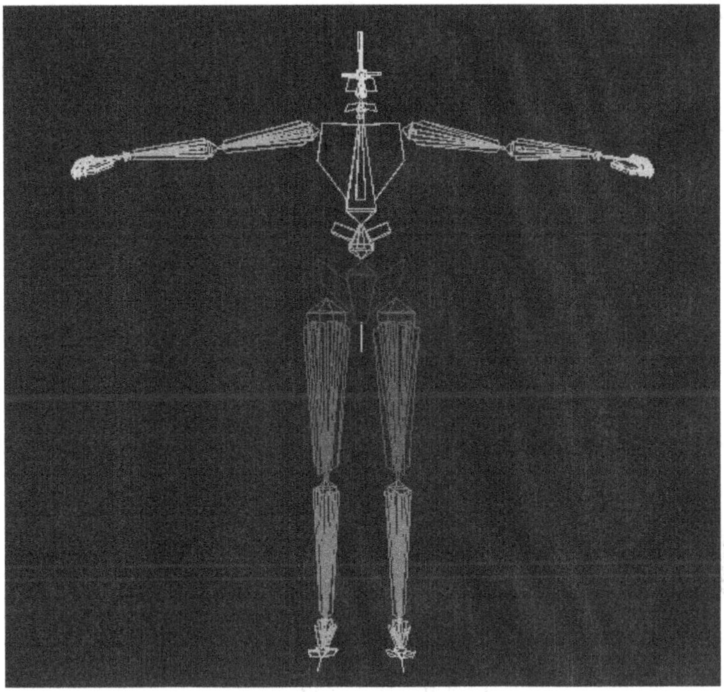

图 4-5 独立出来的 Bone 骨骼

（4）蒙皮

3ds Max 有两种给人体模型设置权重的方式，一种是 Skin（蒙皮），另一种是 Physique，本设计使用的是 Skin。蒙皮步骤必须在 UV 展开之后，否则会对模型产生影响。把所有骨骼添加后，首先将“高级参数”中的“骨骼影响限制”改为“3”，然后选择“封套”层级编辑封套，再选择“顶点”进行权重编辑，设置各个点的权重。红色的点表示权重很高，蓝色或无色代表权重低，权重值的范围是 0～1，加法分配权重，每个点权重之和为 1，如图 4-6 所示。可以利用动画时间轴和自动关键点控制人的各种姿势，这样有利于检查权重配置是否合理。

4. 衣物模型的创建

衣服模型（图 4-7）可以利用石墨建模工具中的“自由形式”进行创建，拾取减面后的人体模型作为参照物，在曲面上绘制衣物，绘制完成后使用“壳”修改器让衣服有厚度，然后进行“涡轮平滑”，再用绘制变形工具调整衣服的位置，让它在人体皮肤表面。由于衣服结构比较简单，没有进行 UV 展开，直接使用了 UVW 贴图。

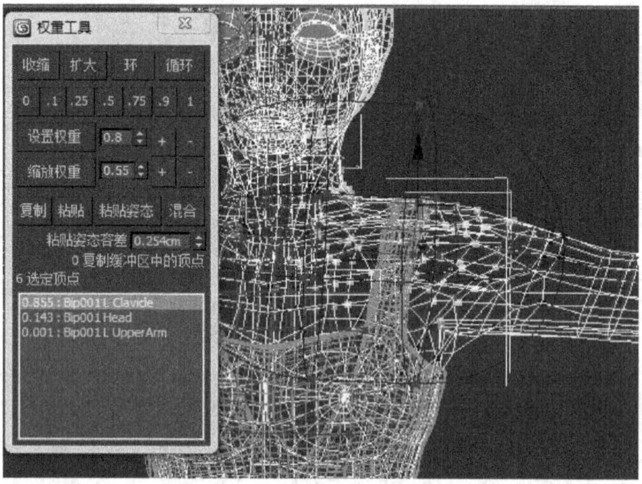

图 4-6　权重修改工具

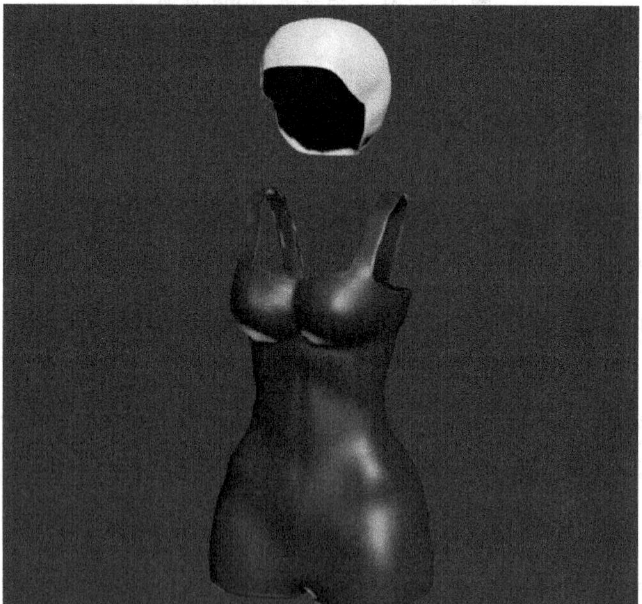

图 4-7　独立出来的泳装

（二）材质与贴图

1. 3ds Max 材质

3ds Max 材质编辑器（图 4-8）中提供了许多类型的材质。常用的材质是“标准”材质，一般对象的材质都使用这一类型，一些特殊的对象如水、玻璃常常使用“光线跟踪”材质。如果想在一个大的对象中运用多种材质，可以使用“多维/子对象”材质，这种材质下有多个子材质。

图 4-8　材质编辑器及材质贴图浏览器

制作人体的材质可以在“渲染设置”中的“公用”面板的“指定渲染器”中将“产品级”修改为“Mental Ray 渲染器”。更改之后“材质编辑器”中的材质类型选项会出现“Mental Ray”分组的材质类型，里面有一些建筑材质类型，还有适用于人体皮肤的材质类型。

材质中“明暗器”的选择也会对材质的参数和渲染效果有较大的影响。默认的“明暗器”是“Blinn”，制作塑料效果需要使用“各向异性”，如果要做金属效果需要使用“金属明暗器”，制作粗糙的表面需要使用“Oren-Nayar-Blinn”。

2. UVW 贴图和 UV 贴图

“UVW 贴图”修改器可以控制贴图在模型上的位置，它有一个自己的坐标系，U、V、W 分别对应 X、Y、Z。使用不同的贴图方式，Gizmo 的形状也有所不同，移动或者旋转 Gizmo 可以更改贴图位置或方向。“UVW 贴图”一般是对有特定贴图要求或者不规则的对象使用。在平铺地砖时，使用“平面”贴图方式，再设置平铺参数，就可以实现平铺效果；本设计需要的游泳场馆模型和衣物模型都用到了“UVW 贴图”，如图 4-9 所示。

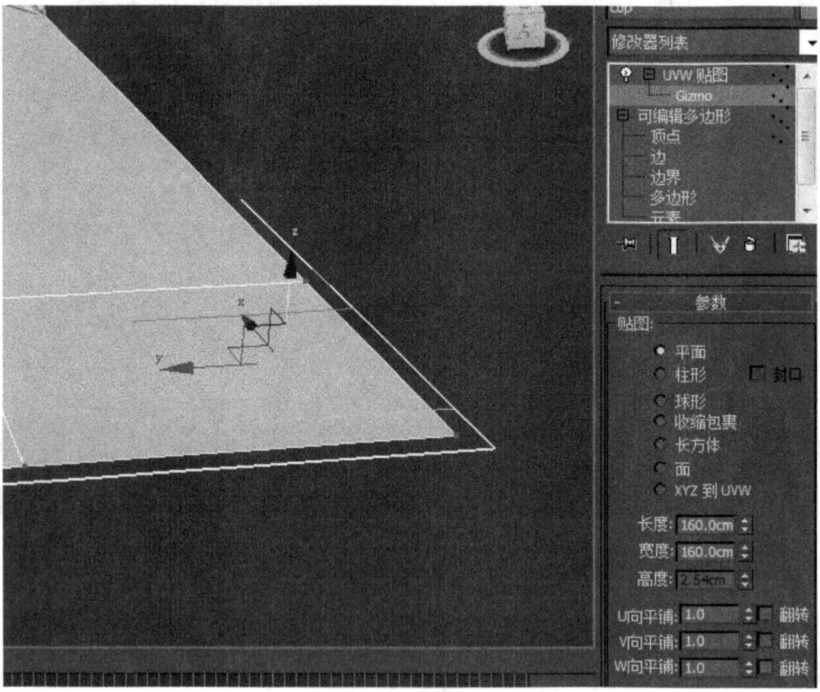

图 4-9 “UVW 贴图”修改器

UV 贴图是将模型的 UV 重做，再将 UV 烘焙出来，用作图工具（如 Photoshop）以 UV 图为基础作出贴图放到该对象对应的材质中。这样制作出的贴图会较好地附加在模型上，构造复杂的模型也可以使用这种方法解决贴图问题。

（三）Unity 3D 场景建设

1. 模型的导入与调整

打开 Unity 3D，双击选择已经创建好的场景，在界面中的“Project”面板中右击选择已经创建好的文件夹“Models”，在出现的选项中选择“Import New Asset...”菜单项，然后将已经创建好的游泳场馆模型和人体模型的 FBX 文件导入，然后将它们都拖入“Hierarchy”面板，模型便会在场景的原点处。选择想要看的人体模型，然后按快捷键 F 便可以拉近场景到人体模型，可能会发现有些贴图没有显示出来，你需要把对应贴图重新导入到模型对应的 FBM 文件夹中，这样模型会在原位置自动获取贴图。

2. 创建场景

在创建陆地之前，先将 Terrain Assets 导入 Project 中的“Standard Assets”文件夹。然后开始创建初始地形。由于笔者使用的 Unity 3D 为 4.x 版本，菜单栏中已经没有 Terrain 这一栏，它被放置到菜单栏中的“GameObject”→“Creat Other”菜单项。

“地形编辑器”——Terrain 是 Unity 3D 提供给开发者的一套便捷的编辑地形的工具，在创建好地形后单击选中，界面右侧的属性查看器会出现地形编辑绘制工具，它们从左到右分别是地形升高降低、绘制高度、平滑高度、绘制地形纹理、添加树木、添加草和地形参数设置。

地形升高降低：可以使用画笔让地势升高和降低，在地面上按鼠标左键不放可以让地势不断升高，鼠标左键加“Shift”键可以让地势降低，这里要注意的是，如果地形高度为零，地势是无法下降的，可以在“绘制高度”中调整地形高度。

绘制高度：可以使用笔刷绘制指定高度，在 4.x 版本中可以使用 Height

加 Flatten 调整整体地形的高度，当地形高度大于零时可以使用“地形升高降低”调整地势。

平滑高度：可以让高地变得平滑并降低，也叫柔化地形。

绘制地形纹理：给大地装饰纹理，可单一也可混合，相当于给地形贴图，在面板的“Edit Textures...”/“Add Texture...”属性中可以添加纹理。

添加树木：用面板中的“Edit Trees”/“Add Tree”属性中添加树木模型，可在地上用笔刷添加树木，也可以更改“Settings”中的各种参数来更改绘制树木的范围、疏密、高矮、粗细。

添加草：用面板中的“Edit Trees”/“Add Tree”属性中添加草模型，可在地上用笔刷添加草或者网格物（石块），在添加草的面板中还能更改草的大小和健康程度，还有网格物的相关参数，也可以更改“Settings”中的参数来更改绘制草的范围、疏密。

地形参数设置：“Base Terrain”基本地形参数可以设置地形分辨率、阴影等；“Tree & Detail Settings”可以设置关于草木显示的参数等；“Wind Settings”可以设置风速和强度等；Resolution 决议参数设置地形整体大小、显示分辨率等。

创建出初始地形后一般在“地形参数设置”中修改“Resolution”中的“Terrain Width”和“Terrain Length”，还有“Terrain Height”，再在“绘制高度”中设置整体地形初始高度，这样就可以继续编辑需要的地形样式了。

3. 创建环境

除了大地，需要在场景中搭建出一个大环境，如蔚蓝的天空。Unity 3D 中的天空盒子技术可以搭建出我们需要的大环境。用天空盒子搭建环境可以更加真实，系统自带的天空盒子资源包包含六种不同天空的材质，也可以根据天空盒子的贴图规律绘制出设计需要的天空盒子材质。这里值得注意的是，需要在“渲染设置”中设置天空盒子才能渲染出天空，单击“Edit”/“Render Settings”对“Skybox Material”选项进行设置便可渲染出来。

制作设计需要的天空盒子，可以在“Project”面板中文件夹“Assets”/

"Materials"属性中创建新的材质球，并将属性查看器中的"Shader"属性更改成"Skybox"，在文件夹"Assets"中导入已经按照正方体规律绘制好的连续的图片，并将它们的"Wrap Mode"属性改成"Clamp"，再按照对应的方位放置到材质中，这样就可以渲染出特制的环境。

4. 水效果

使用 Unity 3D 4.x 制作水效果时可以使用水资源包 Water（pro），这个资源包中的 Water4 有两个水的事例，事例一是白天效果的水，事例二是晚上效果的水。将水拖入"Hierarchy"面板中，在属性查看器中更改"Transform"的"Scale"值可以得到需要的水的尺寸，再用移动工具拖到想要的地方即可，如图 4-10 所示。

图 4-10 水效果

（四）Unity 3D 与 Kinect 交互设计

预制物"Kinect_prefab"需要放入"Hierarchy"面板，把"KinectModelControllerV2"放在人体模型的父级，在暴露的骨骼变量中放入该模型并与变量所对应的骨骼进行绑定，如图 4-11 所示，将预制物"Kinect_prefab"

拖拽入人体模型上的“KinectModelControllerV2”的暴露变量“SW”。这里要注意的是 Kinect 只控制 20 个骨骼，而“KinectModelControllerV2”控制不止 20 个，所以应该将 Wrist 手腕、Hand 手、Finger 手指的变量都放入 Hand 手的骨骼，Ankle 脚踝、Foot 脚的变量都放入 Foot 脚的骨骼，这样模型动起来会好一些。如果要控制两个人体模型就设置“Player”变量的值。如果不希望所有的骨骼被控制就设置“Mask”变量的值。选中“Animated”选项可以让模型播放自带动画，并需要设置“BlendWeight”（范围 0～1），“BlendWeight”的值可以用来决定动画和 Kinect 驱动动作的合成动作效果。将骨骼绑定好之后，配合 Kinect 运行，模型便可以随着人动起来。

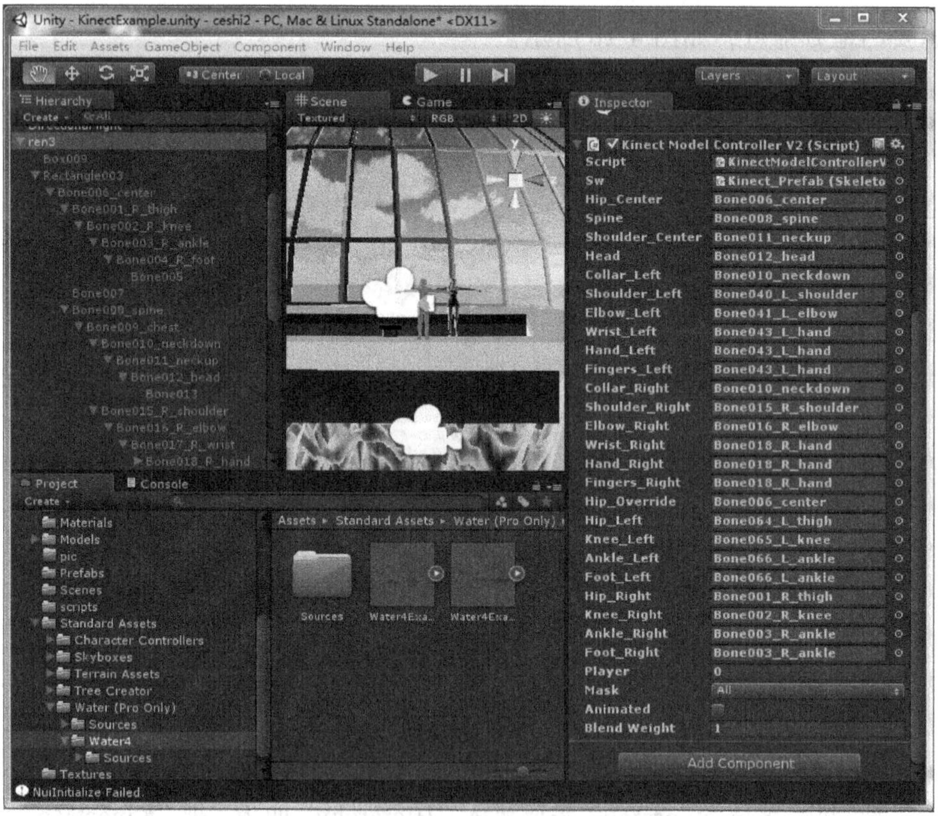

图 4-11　骨骼绑定

测试时首先将 Kinect 设备通过 USB 接口与要展示 Unity 3D 的笔记本或

台式机相连，打开制作好的 Unity 3D 场景（包含人物模型），同时也要运行 Kinect 软件，准备工作完成后，体验者便可开始进行体验。根据前文提到的 Kinect 识别人体运动轨迹的原理，体验时应尽量选择环境简洁的白色场地。在设备识别人体时，应该让体验者在距离 Kinect 设备合适的位置摆出“大”字形，这样会更有利于设备对人体的识别。

第二节 增强现实的应用开发

增强现实（Augmented Reality，AR）是一种实时地计算摄影机影像的位置及角度并加上相应图像的技术，这种技术的目标是在屏幕上把虚拟世界套在现实世界并进行互动。这种技术于 20 世纪 90 年代出现，随着电子产品运算能力的提升，其用途将会越来越广。

一、增强现实插件简介

增强现实的应用范围相当广泛，下面将介绍 Unity 3D 开发集成引擎中的常用插件，这些插件可以使开发者在 Unity 3D 开发集成引擎中很方便地进行增强虚拟现实的开发。常见的几种增强现实插件相关说明及官方网站如表 4-1 所示。

表 4-1 Unity 3D 开发中的常用插件

名称	说明	官网
Vuforia	市面上应用最广泛的插件，用于移动平台的开发	http://developer.vuforia.com
Metaio	已被苹果公司收购，目前无法购买和使用	http://www.metaio.com
EasyAR	由国内团队开发，适合 PC 和 Mac 平台的开发	http://www.easyar.com
ARToolKit	适合底层开发，难度较大，使用人数较少	http://artoolkit.org

上述 4 种插件各有优缺点，其中 Vuforia 插件在移动平台有非常好的兼容性，支持 Android 和 iOS 的开发，但是它并不支持 PC 和 Mac 平台的开发。相比于 Vuforia 插件，EasyAR 较为全面，它可以很好地支持 PC 和 Mac 平台的开发，并且也支持移动端应用的开发，但是却不如 Vuforia 在移动端的兼容性好，所以移动应用的开发多使用 Vuforia 插件。本书讲解的主要内容也是利用 Vuforia 进行开发。

二、增强现实技术与 Unity 3D 交互应用

（一）Vuforia 开发环境的搭建

1. Vuforia 简介

Vuforia 是一款能为现实世界物体带来互动体验的增强现实开发平台，帮助开发者打造全新级别的真实世界物品与虚拟物品的互动。使用计算机视觉技术来实时地识别和跟踪平面图像以及简单的 3D 物品，使开发者能够在现实世界和数字体验之间架起桥梁。

Vuforia 通过 Unity 3D 开发集成引擎扩展提供了 C＃、Java、Object-C 和.NET 语言的应用程序接口，能够同时支持 iOS 和 Android 平台的开发。

2. 注册成为 Vuforia 用户

（1）Vuforia 官网 http://developer.vuforia.com/为开发者提供了免费的开发平台。

（2）应用之前需要成为 Vuforia 的注册用户，注册后可以进入 Vuforia 的管理后台。

（3）在完成注册信息填写后，Vuforia 会给注册邮箱发送一封激活邮件，登录邮箱按照提示操作即可激活 Vuforia 账户。

（4）在激活 Vuforia 账户后就可以点击登录进入 Vuforia 管理后台了，网站下载插件包如图 4-12 所示。

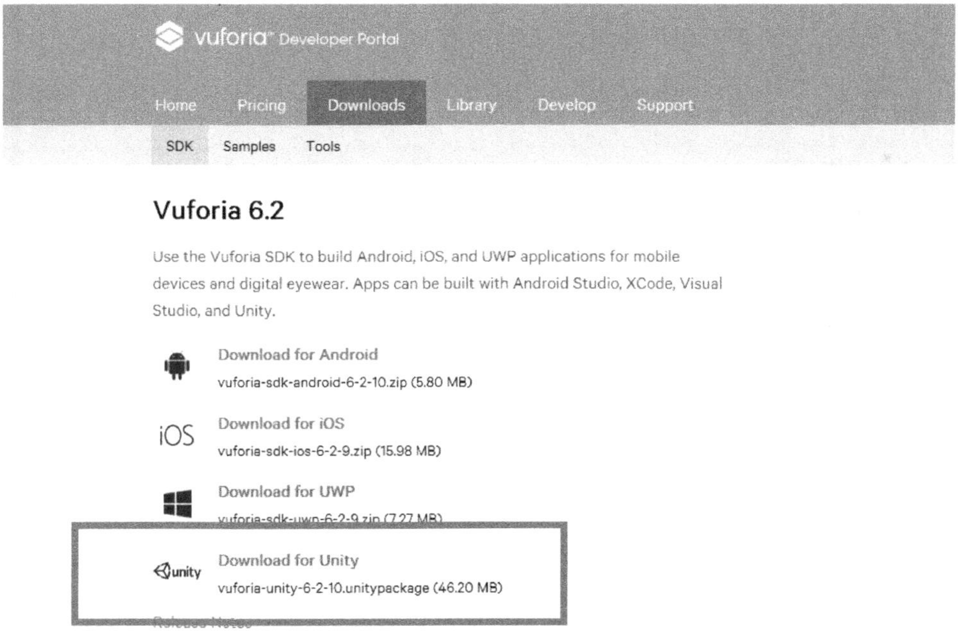

图 4-12 网站下载插件包

3. 下载 Vuforia SDK

在 Downloads SDK 中点击链接并下载 Vuforia Unity 3D SDK，下载解压后得到后缀名为.unitypackage 的 Unity 3D 插件包，如图 4-12 所示。

4. 开发环境

本系统采用的版本为 Vuforia 6-2-10 SDK 开发环境，同时，Android 平台支持的最低版本是 Android4.0.3，Unity 3D 支持版本为 4.6.7—5.6.2f。

5. 新建 Unity 3D 工程

运行 Unity 3D 程序，按照步骤创建一个新的 Unity 3D 工程，也可以直接打开已有的 Unity 3D 工程导入 Vuforia SDK，如图 4-13、图 4-14 所示。

6. 导入 Vuforia SDK for Unity 插件

在 Unity 3D 中导入下载的.unitypakage 插件包，选择开发内容导入插件包，如图 4-15 所示。

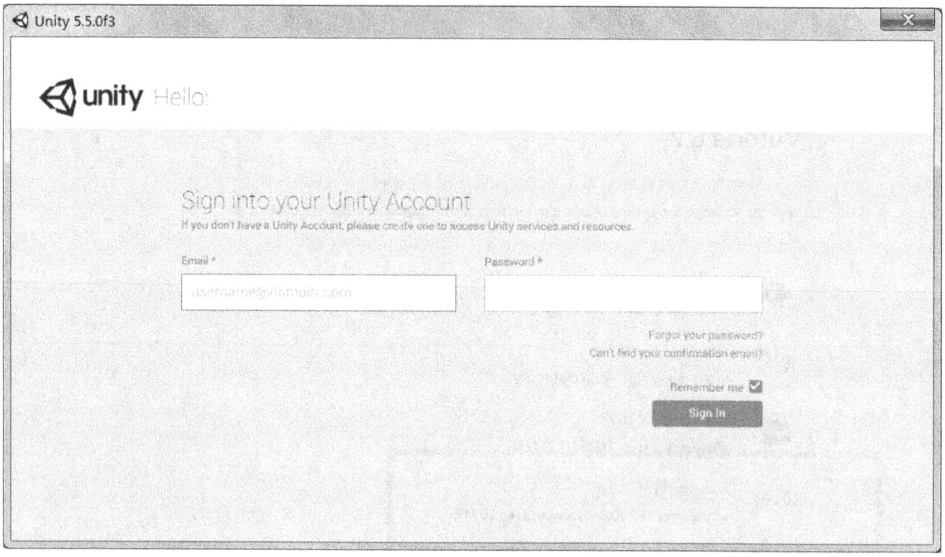

图 4-13　创建 Unity 3D 工程

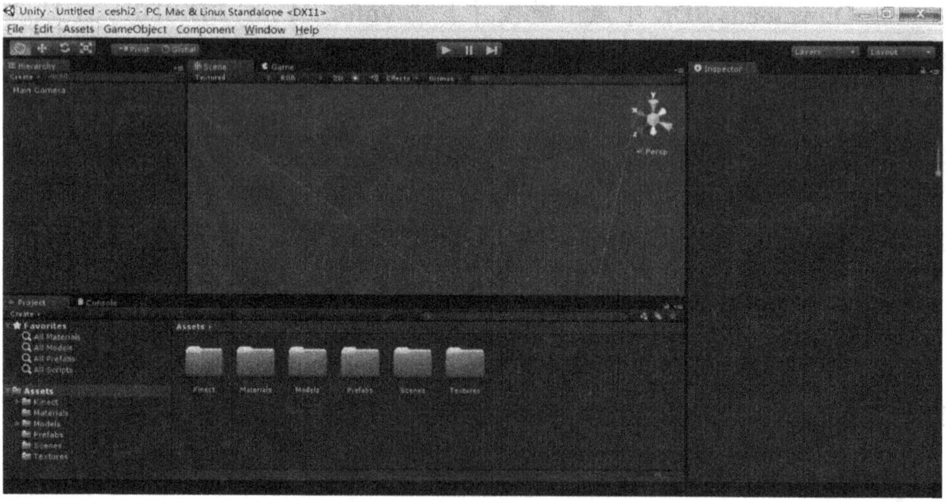

图 4-14　Unity 3D 工作界面

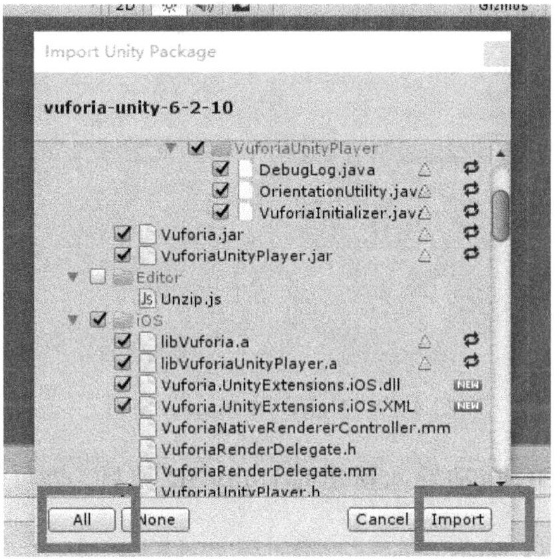

图 4-15　Unity 3D 导入插件包

在 Unity 3D 菜单选择“Assets”/“Import Package”/“Custom Package”，将 UnityPackage 插件文件导入，选择“I Made a Backup.Go Ahead!”，导入成功，如图 4-16 所示。

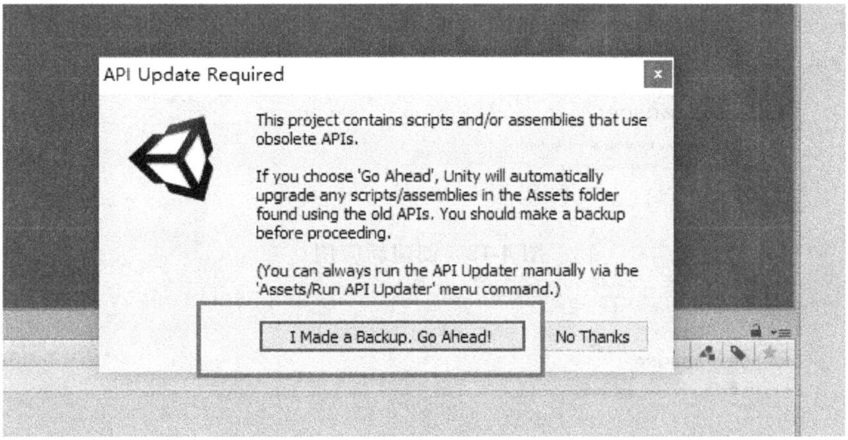

图 4-16　插件导入成功界面

导入成功后，Unity 3D 的 Project 窗口中显示导入插件的所有内容包含在 Vuforia 文件夹中，如图 4-17 所示。

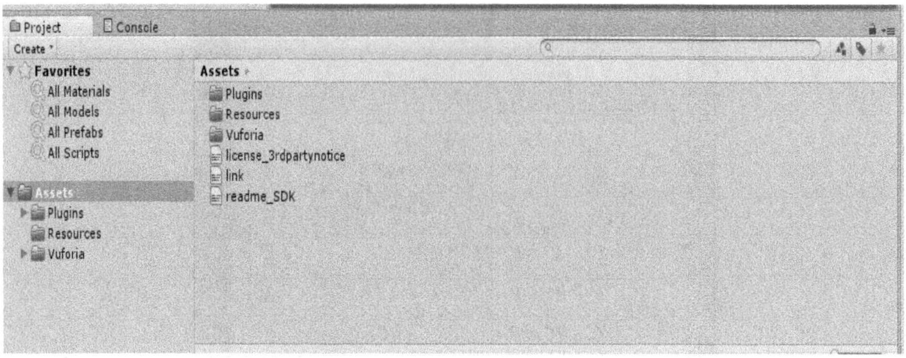

图 4-17　Unity 3D Project 窗口

将 Vuforia SDK 成功导入新建的 Unity 3D 项目，即可创建开发 Demo。

（二）Vuforia 开发

1. 获取 License Key

增强虚拟现实开发首先需要在 Vuforia 官网上获取 License Key，创建新应用，如图 4-18 和图 4-19 所示。

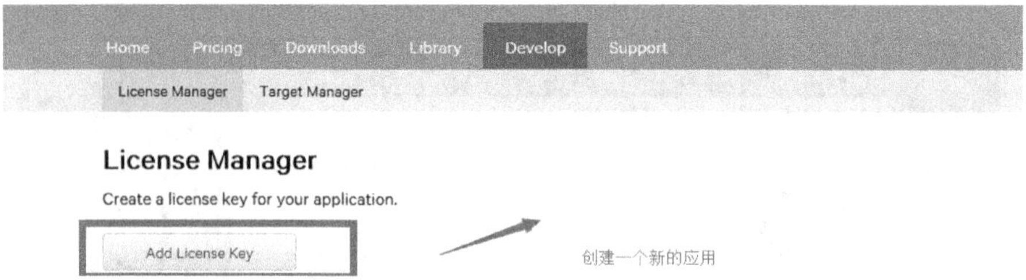

图 4-18　创建新应用

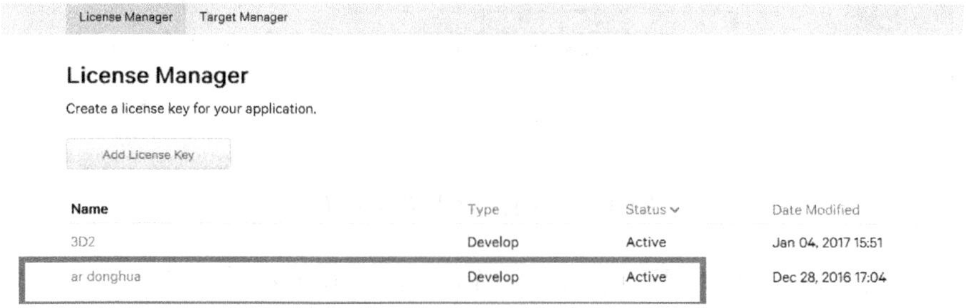

图 4-19　新应用创建成功

创建好的新应用生成的一串 License Key 代码是 Unity 3D 引擎开发增强虚拟现实的“钥匙”，如图 4-20 所示。

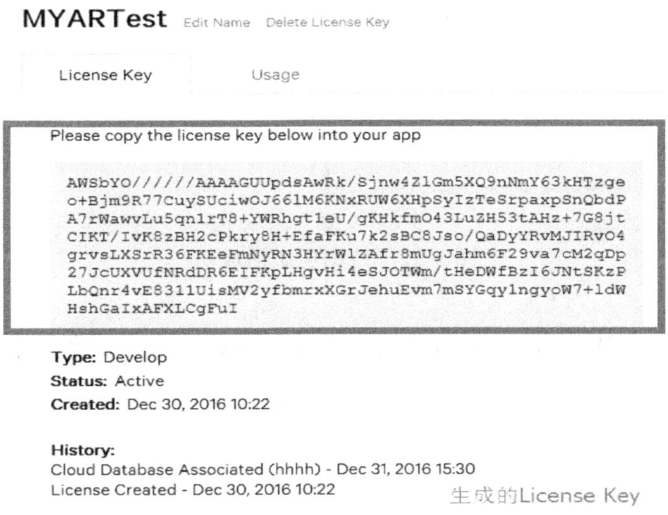

图 4-20 生成 License Key 界面

2. 新建应用数据包

实现增强现实效果的关键技术之一是完成图片识别数据包的创建，数据包创建同样是在 Vuforia 官网上完成的，如图 4-21 所示。图片数据包的创建决定增强现实效果的识别程度，如图 4-22 所示，星星图标代表图片的识别程度，五星最高。

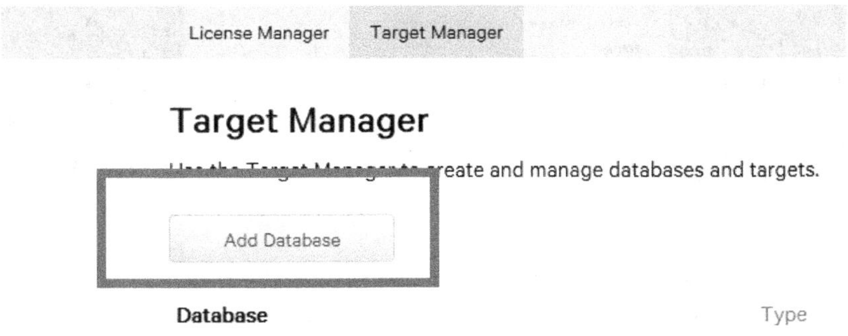

图 4-21 创建新的数据包

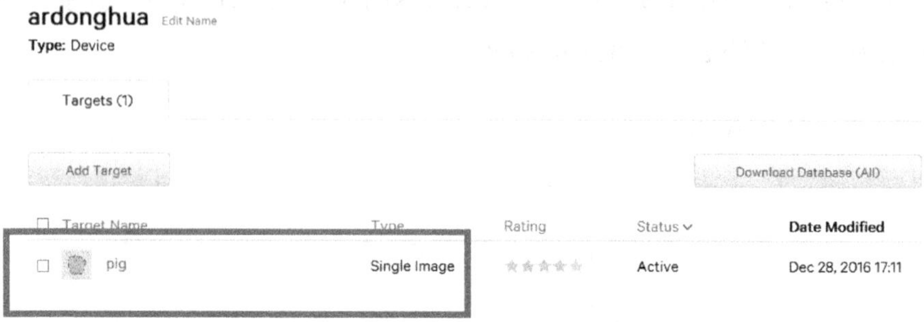

图 4-22　数据包激活成功

选择 Unity 3D 格式识别图数据包下载，自此完成了前期的准备工作，如图 4-23、图 4-24 所示，下一步工作需要在 Unity 3D 开发工具中进行。

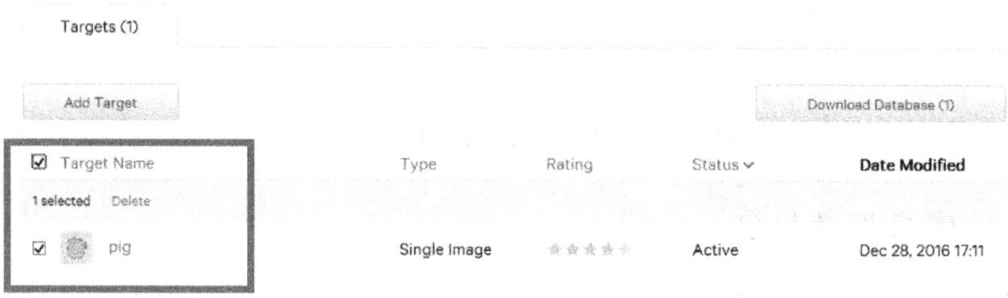

图 4-23　数据下载

图 4-24　下载 Unity 3D 格式

3. 创建 Vuforia

进入 Unity 3D 开发环境，在“Project”视图下选择“Vuforia”“Prefabs”文件夹，将“ARCrema”和“ImageTarget”两个预制件拖入层级视图“Hierarchy”中，同时将场景自带的“Main Camera”删除。

预制件“ARCamera”上带有“AR”摄像机以及 App 相关设置，预制件“ImageTarget”代表一张识别图像，并且带有识别事件处理等相关脚本。选择预制件“ARCamera”，在“Inspector”面板中找到 License Key，将创建应用时生成的 License Key 复制并粘贴到该区域。“ARCamera”设置完成后单击“ImageTarget”，如图 4-25 所示。

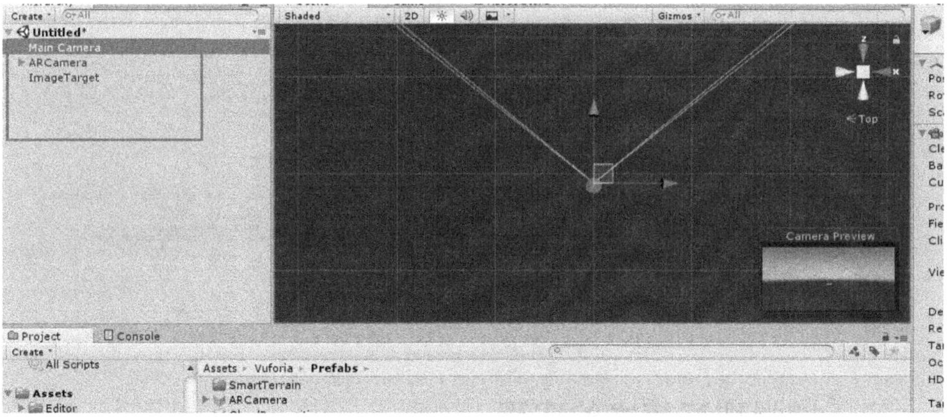

图 4-25　Unity 3D 环境配置面板

将生成的对象拖到“ImageTarget”下，成为其子对象，然后配置“AR”环境，调整到合适的属性位置。设置“ARCream”的参数，并激活“ImageTarget”的数据库，如图 4-26 所示。右击“ImageTarget”创建一个三维物体模型，调整三维物体与识别图像的位置关系以使其位于合适的位置。运行测试，Vuforia Demo 创建成功。

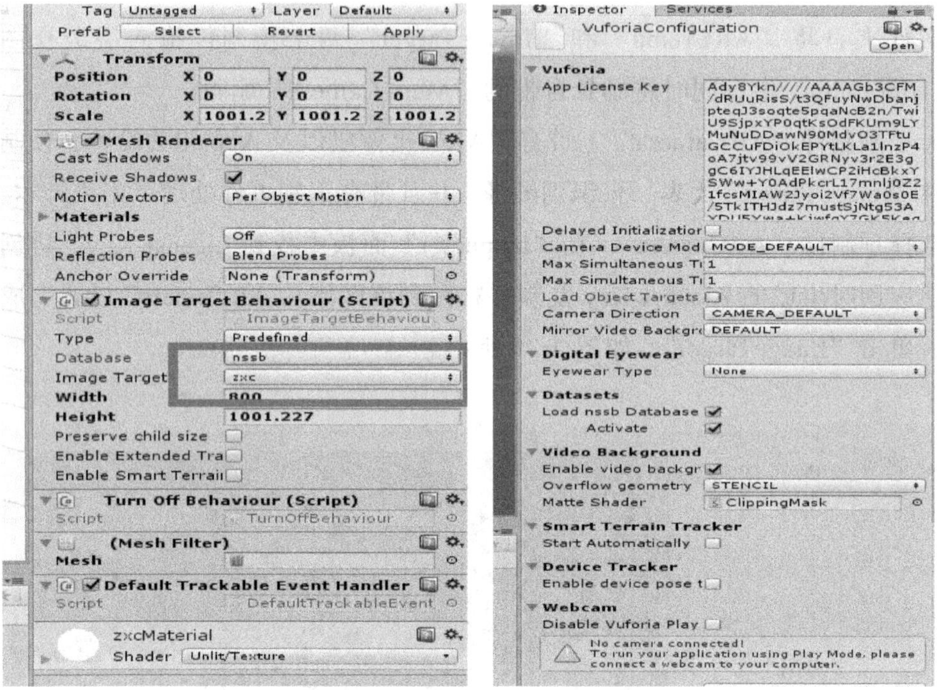

图 4-26　ImageTarget 的数据库激活

三、增强现实技术的实现

（一）创建 AR 视频

AR 视频即识别某张图像并播放与所识别图像对应的视频文件，一般用于制作企业宣传册、广告、书籍等。上一节已经介绍了 Vuforia SDK 的相关配置方法，本节将介绍使用 Unity 3D 和 Vuforia SDK 开发 AR 视频。Unity 3D 默认支持的视频格式分别有.mov、.mpg、.mpeg、.mp4、.avi 和.asf，本项目应用中采用.mp4 格式的视频。本系统将使用移动端实现增强虚拟现实，采用的 Unity 3D 插件名为 Easy Movie Texture，通过对其设置即可完成视频的增强现实播放。

1. 插件导入

下载 Easy Movie Texture 2.36 插件并导入 Unity 3D 中，在“Project”窗口文件夹下找到“VideoManager”预制件并将其放置到层级视图“Hierarchy”中，将“VideoManager”作为识别图像的子物体，该预制件可以将视频以当前面片（plane）的大小比例进行播放，如图 4-27 所示。播放的视频文件被移至“Assets”文件夹中的“StreamingAssets”文件夹中。

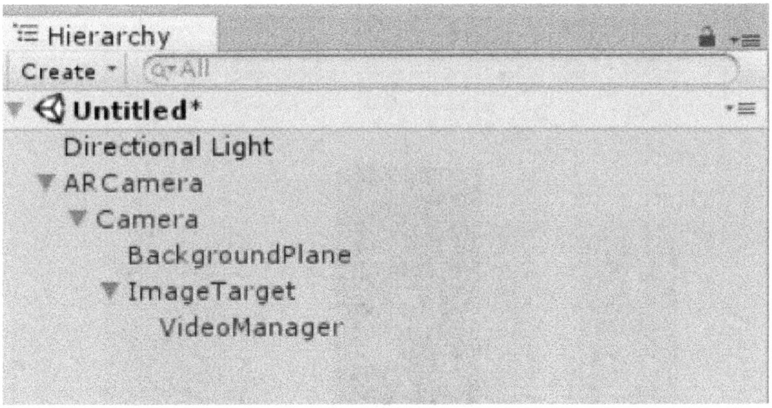

图 4-27 ARCamera 界面

2. 设置视频播放选项

选中“VideoManager”，在“Inspector”面板的“Str File Name”选项中填入视频名称 wayong.mp4，如图 4-28 所示。该组件可以设置是否自动播放（B Auto Play）、是否循环播放（B Loop）等属性。该预制件本质上是一个图片和控制播放的“Media Play Ctrl”组件，故可以手动调整图片相对于识别图的大小和位置，如图 4-29 所示。

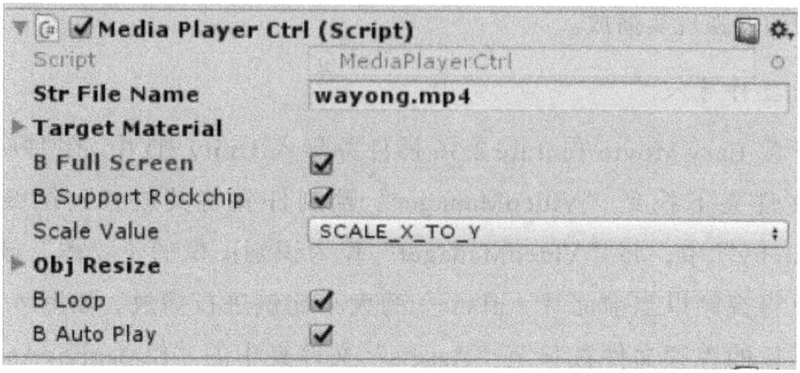

图 4-28　Media Player Ctrl 脚本设置

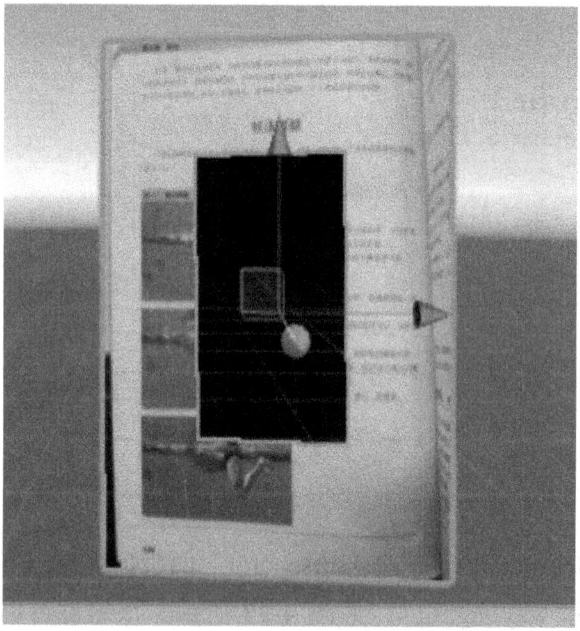

图 4-29　识别图与预设物的关系

“Easy Movie Texture”插件不支持 PC 端的视频播放，只支持 Android 操作系统和 iOS 平台。从网络上加载视频文件，则只需要将视频文件的网络 URL 添加到“Str File Name”属性上，无需其他操作。

（二）文字识别

本节将介绍使用 Vuforia 和 Unity 3D 实现文字识别功能。Vuforia 对文字识别有一定的要求，首先，Vuforia 能够识别的文字大多为英文，不能识别数字和中文。其次，默认能够识别的英文单词必须是官方词库中的单词（10 万个），或者自定义添加的英文单词。下面将介绍通过 Vuforia 官方自带的案例实现文字识别的增强效果。

1. 插件导入

登录 Vuforia 官网，在下载页面中找到 Samples，该页面中有 Vuforia SDK 提供的基本功能对应案例，下载文字识别所需的脚本文件，如图 4-30 所示。

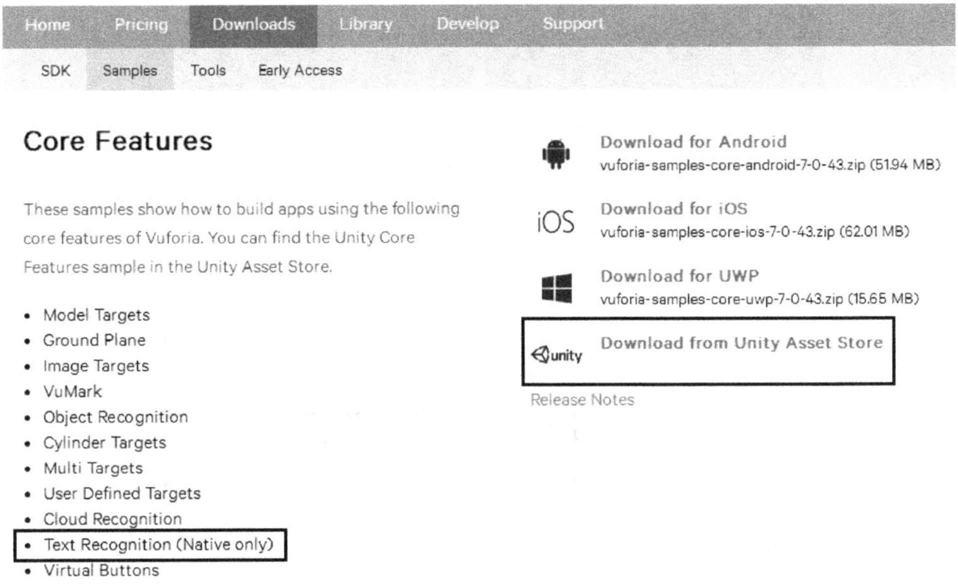

图 4-30　文字识别脚本下载

2. 实现文字识别

脚本插件包导入 Unity 3D 后删除场景自带的“Main Camera”，将

“Prefabs” 文件夹中的 “ARCamera” 预制件拖拽进场景中，然后将 “TextRecognition” 预制件拖拽到 “ARCamera” 预制件下，最后再将 “Word” 预制件拖拽到 “TextRecognition” 预制件下，“Hierarchy” 面板界面如图 4-31 所示。登陆 Vuforia 官网，获取 License Key，将其复制到 “ARCamera” 游戏对象 “Vuforia Behavior” 组件下的 Key 位置，License Key 粘贴位置如图 4-32 所示。

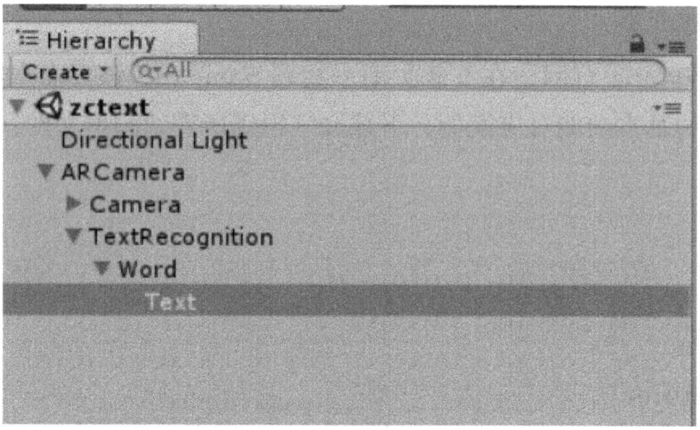

图 4-31　Hierarchy 面板界面—Text

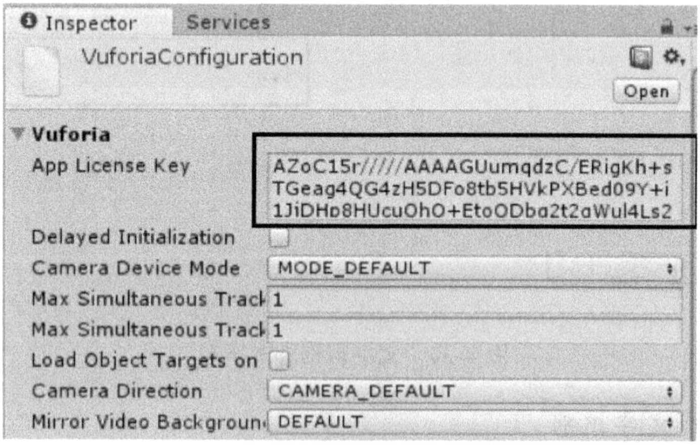

图 4-32　添加 License Key

选择场景中新添加的“TextRecognition”物体，在“Inspector”面板中添加“Text Even Handler”脚本，它是进行文字识别的主要脚本。选择“ARCamera”预制件，在“Inspector”面板中，“Word List”是官方案例中可识别的单词列表；“Additional Word File”表示添加自定义词库，类型为.vwl 文件，如图 4-33 所示。在“Inspector”面板中可以自定义添加需要识别的单词，“MaxSimultaneous Words”属性是指最大同时存在的物体的单词。其中，“black_list”表示黑名单，即将某个单词加入该名单之后就无法再识别；相对应的“white_list”则表示白名单，加入该名单的单词会优先进行识别。

图 4-33 设置单词列表

点开“Word”预制件，将子对象“Text”文字改为需要自定义的文字“SWIMMING”，如图 4-34 所示。为了验证效果可以在场景中的“Word”物体下创建一个识别之后要显示的物体，然后调整其位置和大小，如创建一个 Cube，最后运行并查看识别效果。

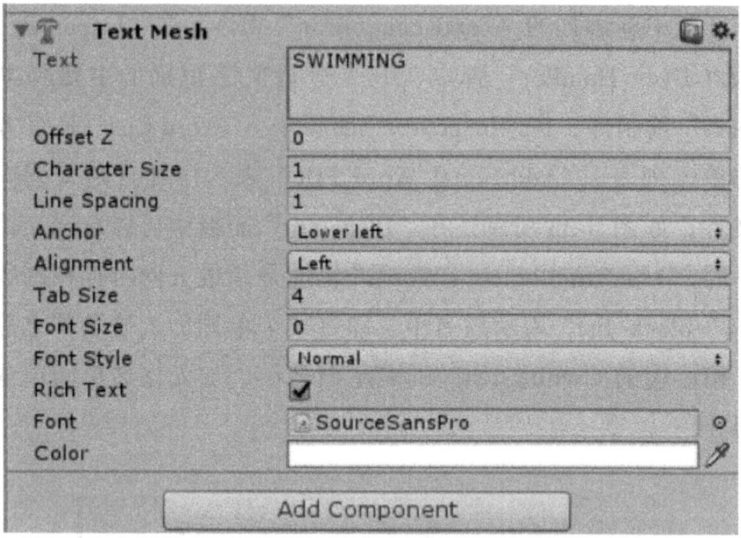

图 4-34　自定义文字

（三）柱形识别

Vuforia SDK 提供了带有图像的柱形物体识别功能，柱形识别只针对柱形物体，配合包裹在柱形表面的图像来进行识别，如识别饮料瓶。本节将介绍柱形识别的实现步骤和方法。

1. Vuforia 官方案例包

登录 Vuforia 官网，进入“Downloads”页面，单击“Samples”选项，然后下载“CylinderTargets”插件并解压，在解压完成后找到“CylinderTargets”包并导入 Unity 3D，如图 4-35 所示。

在“Project”视图中的“Vuforia”文件夹下找到“ARCamera”预制件和“CylinderTarget”预制件，将这两个预制件拖至层级视图“Hierarchy”中，同时删除场景中的“Main Camera”，操作界面如图 4-36 所示。调整“CylinderTarget”使其处于摄像机中央，单击“CylinderTarget”对象，并单击“Inspector”面板中的“No Target Defined... ”按钮，这时需要在 Vuforia 的“Targer Manager”中添加圆柱体目标。

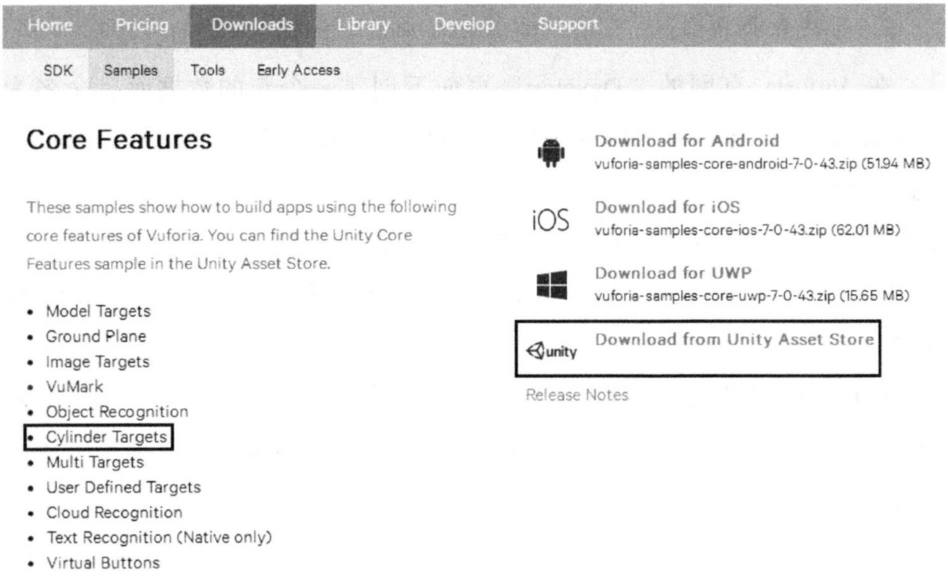

图 4-35　创建 Cylinder Targets

图 4-36　预设物设置

2. 创建数据库

在 Vuforia 官网的“Develop”页面下创建一个新的数据库，命名为 CylinderTargets。创建完成后打开 CylinderTargets 数据库，选择“Add Target”，在弹出的文件选项面板中选择第三种 Cylinder，然后按照页面要求填写圆柱体的尺寸，如图 4-37 所示。其中的三个属性分别代表圆柱体的以下信息：Bottom Diameter 指底面直径，Top Diameter 指顶面直径，Side Length 指边长。

在创建好识别图目标后，单击新创建的识别目标，然后选择“Upload Image”上传图片，这个图片是指包裹在圆柱体上的识别图案，上传图片后效果如图 4-38 所示。

图 4-37　CylinderTargets 数据库创建

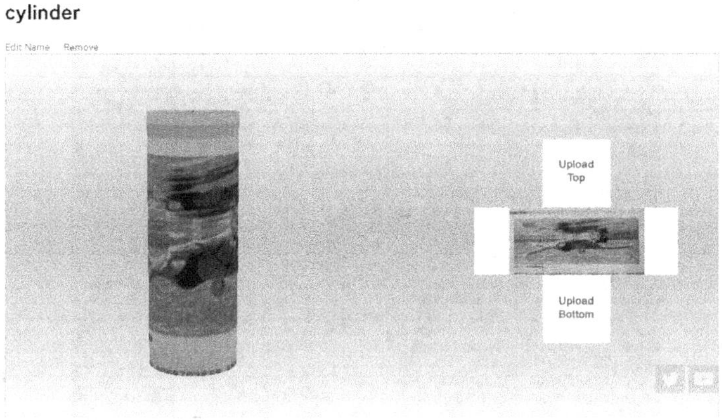

图 4-38 圆柱体识别图

图片上传标准：①长度为“Top Diameter”（或者“Bottom Diameter”）* π；②宽度为按照具体圆柱高度确定。

所上传图片的长度一定要和上下两面的圆形周长相同，图片的宽度即圆柱的高度，如果图片尺寸不合适，则无法成功添加。上传完成返回到数据库页面，下载该数据集并导入 Unity 3D 中。

3. 实现柱形识别功能

数据集导入完成后，在 Unity 3D 中选中“CylinderTarget”，在“Inspector”面板中单击“Database”选项，在弹出的下拉菜单中选择相应的数据库名称即可，如图 4-39 所示。完成后场景中的圆柱体就会自动添加纹理贴图，Unity 3D 操作界面中的效果如图 4-40 所示。

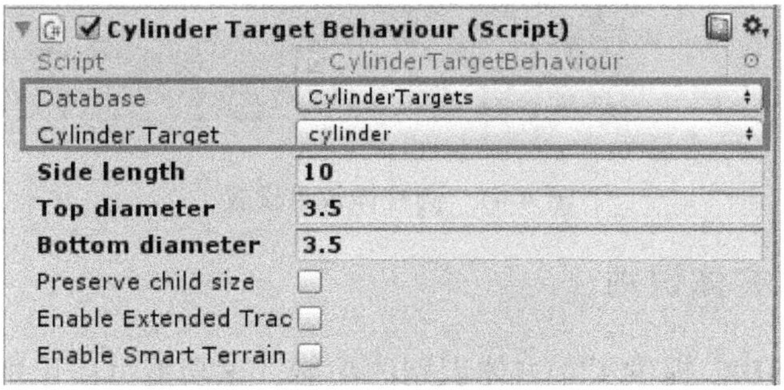

图 4-39 CylinderTarget 脚本设置

图 4-40 圆柱体效果图

接下来，在“Cyclinder Target”下创建一个子物体模型，这里选择“Sphere”，如图 4-41 所示，将 Sphere 调整到合适的位置及大小。最后，运行测试圆柱体识别的效果。

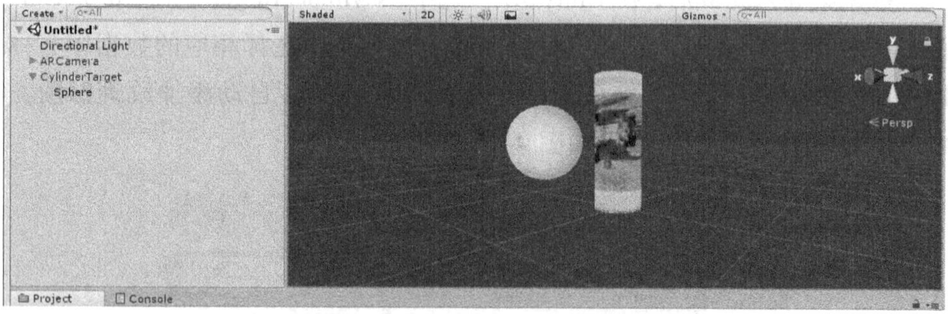

图 4-41 圆柱体效果设置

（四）立方体识别

Vuforia SDK 提供了立方体识别的功能，该功能可以识别被图案包裹的立方体，常用于产品包装盒等物体的增强虚拟现实效果展示，本部分将介绍通过 Unity 3D 以及 Vuforia SDK 进行立方体识别的步骤和方法。

1. 下载并导入插件

登录官网，点击下载“Multi Targets”插件并解压至 Unity 3D。在解压完成后找到“Multi Targets”包并导入 Unity 3D。在工程视图“Project”中的 Vuforia 目录下找到“ARCamera”和“MultiTarget”两个预制件，将其拖到层级视图“Hierarchy”中，同时删除场景中的“Main Camera”“Project”和“Hierarchy”视图，如图 4-42 和图 4-43 所示。

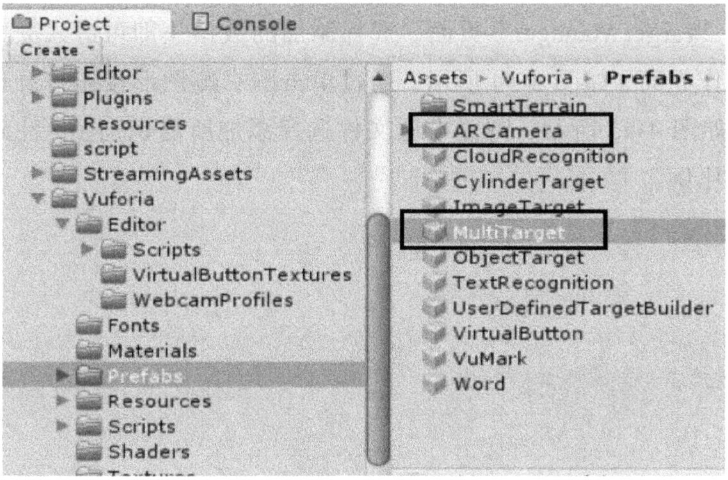

图 4-42 Project 视图设置 MultiTargets

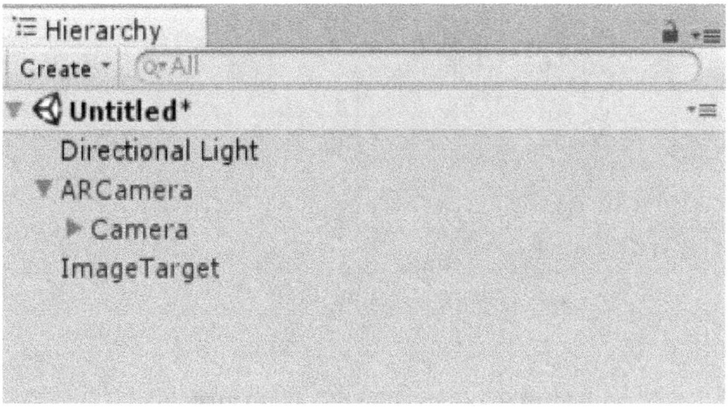

图 4-43 Hierarchy 视图设置

2. 创建数据库

新建一个 Database，命名为 MultiTarget。点击新建的数据库，在弹出的文件选项面板中选择“Cuboid”。Dimension 中的属性是为了确定立方体的尺寸，分别为长、高、宽三个维度的尺寸。相应的物体的长度对应“Front”“Bottom”“Top”和“Back”识别图的长度，宽度对应“Left”“Top”“Right”和“Bottom”识别图的宽度，高度则对应“Front”“Left”“Right”和“Back”识别图的宽度。遵循上述步骤，各识别图上传时相对应的位置尺寸必须一致，否则会出现识别图无法上传的问题。点击“Add”添加立方体数据集后，返回“Target Manager”页面，选择添加的数据集即可进入立方体识别图上传操作界面，如图 4-44 所示。通过单击图右侧图形按钮打开识别图的选择框，如图 4-45 所示，浏览本地文件选择添加所需识别图，注意图片适当的宽高比例。

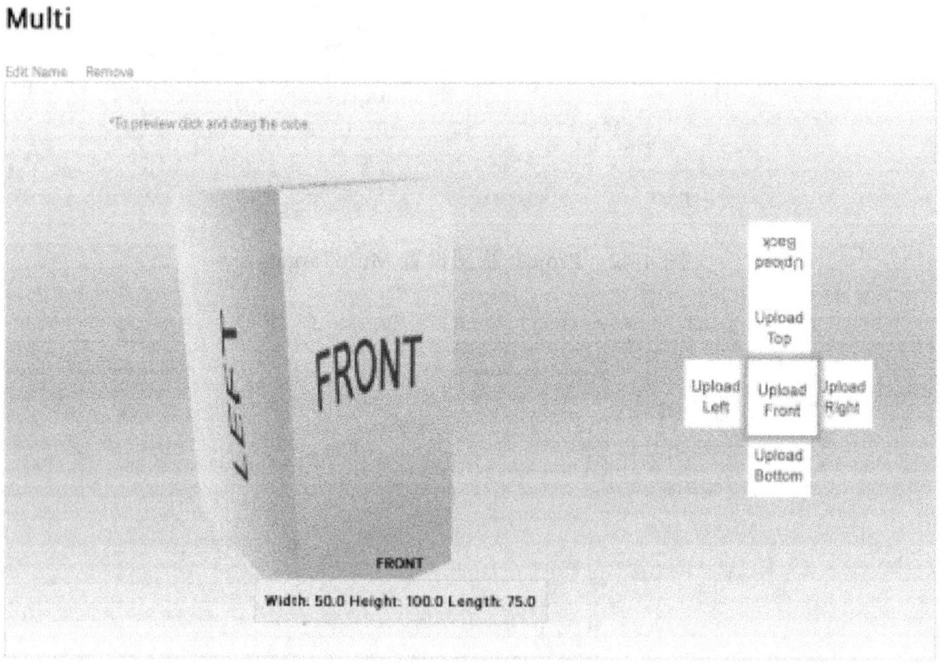

图 4-44　Target Manager 识别图

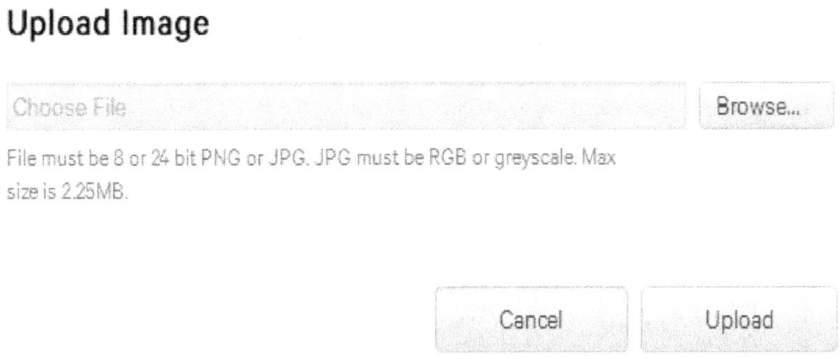

图 4-45　选择识别图

3. 实现立方体识别功能

在 MultiTarget 下创建一个扫描后要显示的模型，可以创建一个 Unity 3D 自带的“Cube”来显示识别之后的物体，调整好对应关系后点击运行即可实现立方体识别效果。

（五）3D 物体识别

1. 下载并导入插件

登录官网，通过“Downloads”中的“Tools”，下载 Vuforia Object Scanner（Vuforia 物体扫描器）。Vuforia Object Scanner 是一个用于扫描物体表面识别点信息的 App，只支持 Android 操作系统。本设计采用 Samsung Galaxy S5 和 Google Nexus 5 这两款安卓手机进行操作。下载完毕并解压后会得到以下两部分的内容：①Media 文件夹：三维物体扫描图，需要采用 A4 纸打印出来。②scanner.apk：用于三维物体扫描，需要安装在上述两款安卓手机中。

按照之前介绍的方法下载 Object Recognition 插件包并将其导入工程。

2. 扫描三维物体识别信息（点云数据）

将打印出来的纸张放在桌面上，在右上角坐标区域放置需要识别的三维物体。打开已经安装好的 App，360° 扫描物体后将生成后缀名为.od 的数据文件。Object Scanning Target 纸张如图 4-46 所示，使用手机 App 扫描 3D 物体的 Object Scanning Target 纸张界面如图 4-47 所示。

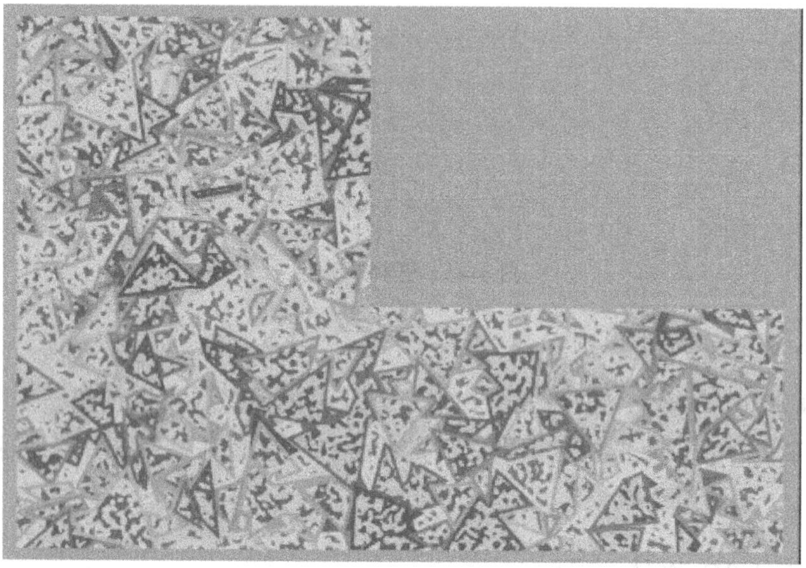

图 4-46　A4-Object Scanning Target

图 4-47　Scanner 扫描界面

手机扫描 3D 物体获取的标记点要足够多，如图 4-48 所示，否则将无法识别。

图 4-48　手机扫描 3D 物体

3. 创建数据库

接下来登录 Vuforia 官网并创建数据库，选择 3D Object，单击“Browse”按钮选择上一步中生成的数据文件，创建成功后下载数据包并将其导入 Unity 3D。

4. 实现三维物体扫描

在“Vuforia”文件夹中找到“ARCamera”和“ObjectTarget”两个预制件并拖到层级视图“Hierarchy”中，操作如图 4-49 所示。选择“ObjectTarget”，在“Inspector”面板中选择 3D 数据包，如图 4-50 所示。

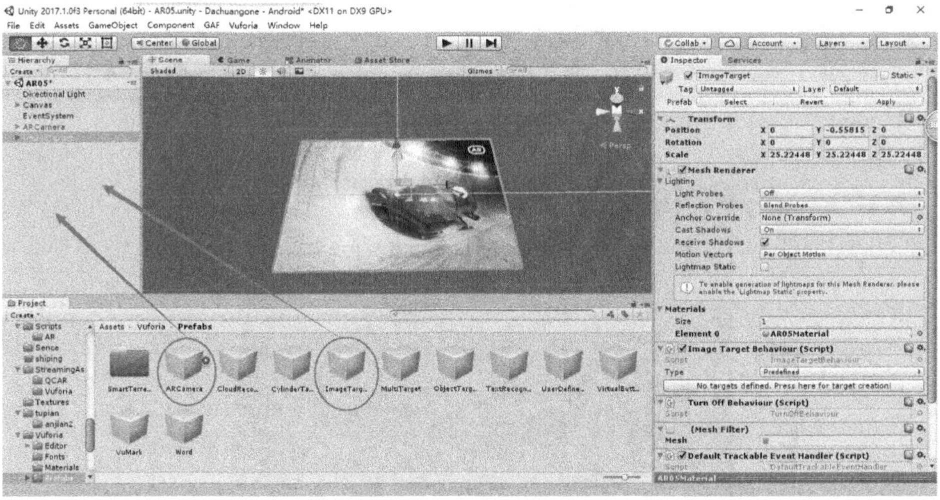

图 4-49　设置预设物

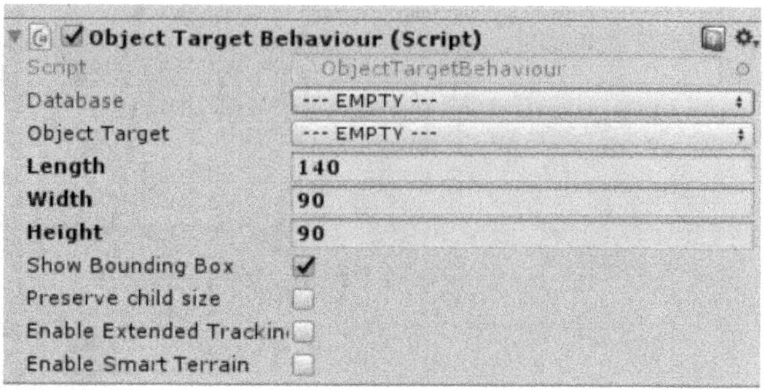

图 4-50　添加 3D 数据包

在“ObjectTarget”下创建一个扫描成功后要显示的子对象，并调整到合适的位置及大小，本设计中创建 Unity 3D 自带的三维模型“Cube”。在 Unity 3D 中单击运行三维物体的识别效果如图 4-51 所示，手机识别三维物体效果如图 4-52 所示。

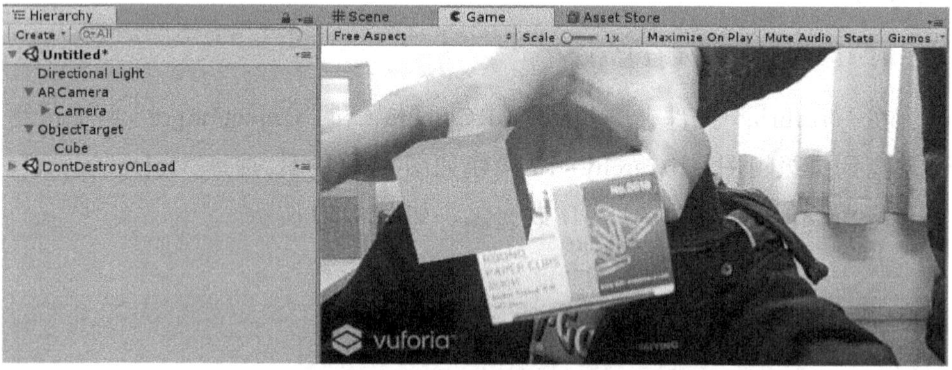

图 4-51　测试效果图

图 4-52　手机扫描效果图

（六）云识别

在开发项目的过程中，当需要将识别图放置在服务器后台而不是 App 内部的时候，需要使用 Vuforia 的云识别功能，本节将介绍 Vuforia 云识别的实现步骤和方法。

1. 创建 License Key

登录 Vuforia 官网，单击“Develop”，在 License Manager 下创建一个 License Key，该 Liscense Key 是为了验证 App 的合法性。

2. 创建云数据库

选择“Target Manager”选项，然后点击“Add Database”来创建云识别数据库，选择“Cloud”和刚才创建的 License Key 即可添加云识别目标。创建好之后打开，选择添加图片、设置“Width”和“Name”属性值后点击“Add”按钮完成 Target 的添加。

3. 插件下载

通过访问 Vuforia 官网的“Downloads”网页，下载 Cloud Recognition Unity 插件包。

4. 创建 Unity 3D 工程

新建 Unity 3D 工程，解压插件包并将其导入 Unity 3D 工程。

导入完成后，在“Assets”文件夹中找到“Scense”文件夹并打开 Vuforia-3-CloudReco 工程。

选择“CloudRecognition”，在“Inspector”面板中找到如图 4-53 所示位置的“Access Key”和“Secret Key”，通过这两个密钥可以找到云链接的图片。再次进入 Vuforia 官网，在“Develop”选项下找到图 4-54 所示的页面选项，将两个密钥分别复制到 Unity 3D 工程中要求输入密钥的地方。

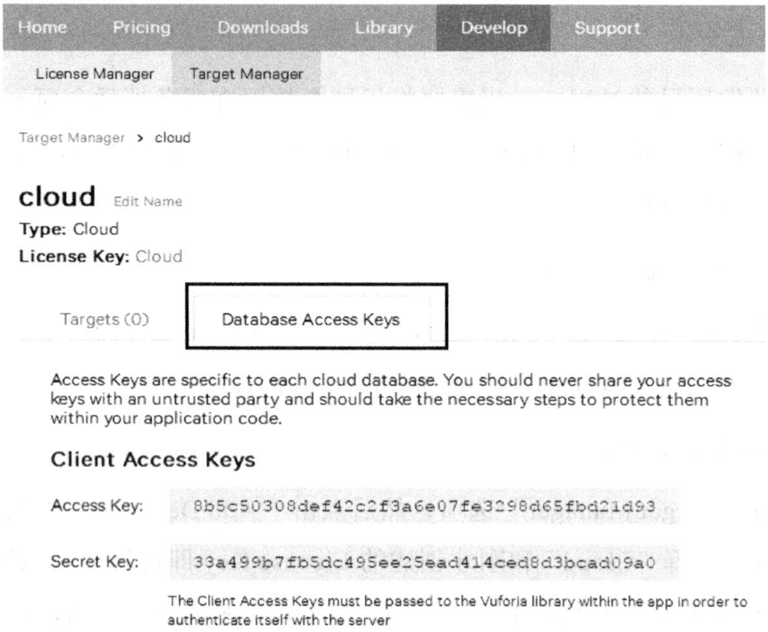

图 4-53　Access Key 和 Secret Key

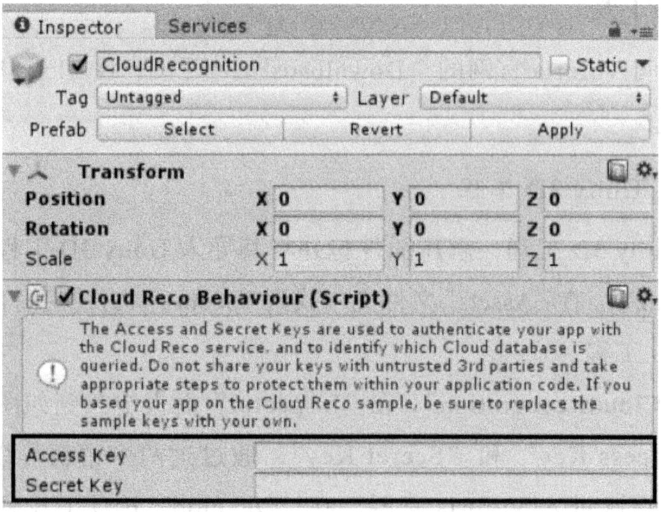

图 4-54　添加 Access Key 和 Secret Key

选择“ARCamera”，将刚才专为云识别创建的 License Key 复制进去。最后运行测试云识别效果。云识别与本地识别的区别是，云识别测试需要设备处于联网状态。

（七）智能地形

智能地形是通过增强虚拟现实技术加载出的模型与现实场景互动。

1. 插件下载

访问 Vuforia 官网，下载 Vuforia SDK 的 Unity 3D 版本。

2. 创建 Unity 3D 工程

新建一个 Unity 3D 工程并将下载好的 SDK 导入 Unity 3D。

3. 效果实现

将场景中的“Main Camera”删除，将“Vuforia”文件下的“Prefabs”里的“ARCamera”“ImageTarget”和“SmartTerrain”中的“SmartTerrain”拖入场景中，如图 4-55 所示。

图 4-55　设置 SmartTerrain 预设物

在 Vuforia 的“Develop”页面中的 License Manager 下获取 License Key 并填入图 4-56 所示的框内。然后在“Target Manager”页面中上传一张识别图，下载识别目标数据文件并将其导入当前工程。

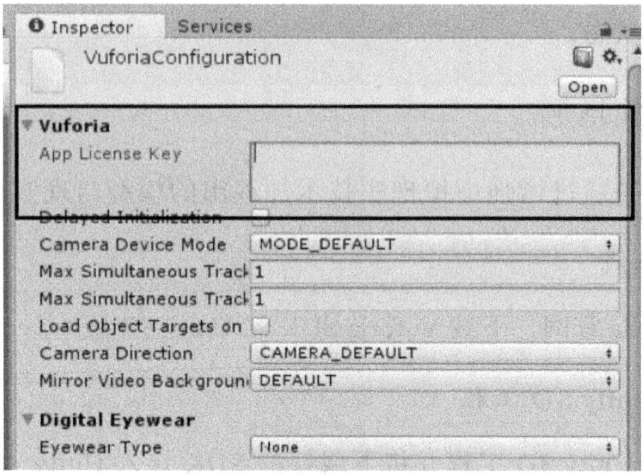

图 4-56　添加 License Key

在“ARCamera”的“Inspector”面板中对图 4-57 所示位置进行设置，在“ImageTarget”的“Inspector”面板下进行，在此选择识别图。自动开启设置，如图 4-58 所示。

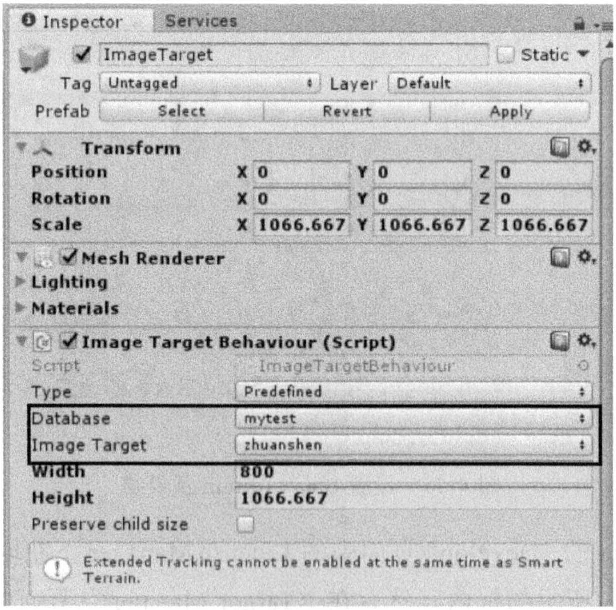

图 4-57　设置数据集及添加 License Key

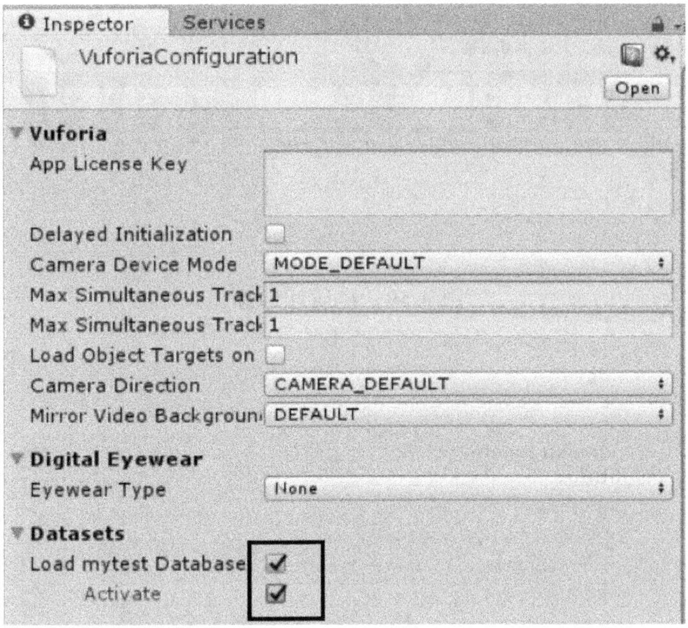

图 4-57 设置数据集及添加 License Key（续）

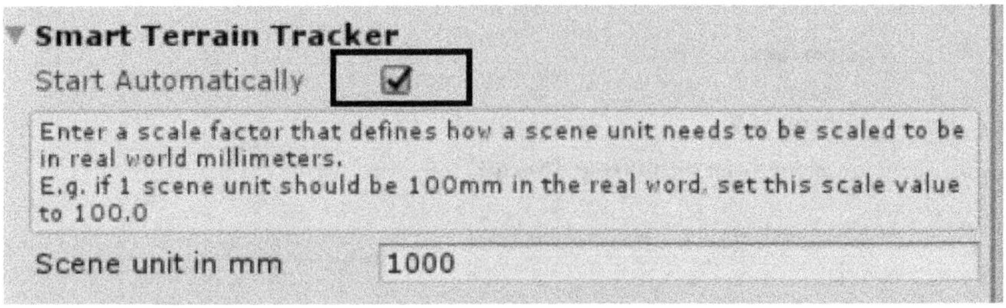

图 4-58 自动开启设置

为了方便观察，可以改变一下“SmartTerrain”中组件的材质颜色，材质球在图 4-59 所示位置，先将这个材质球赋给“Primary Surface”，设置如图 4-60 所示；然后对“PropTemplate”的材质进行设置，如图 4-61 所示。

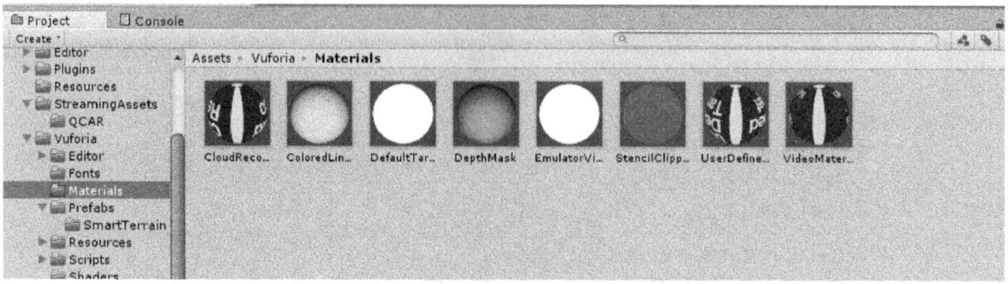

图 4-59　材质球选择

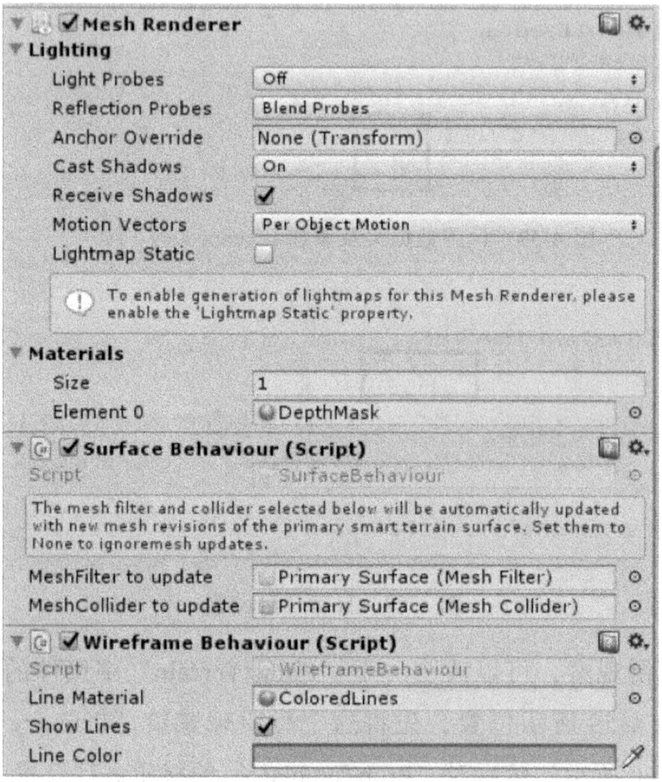

图 4-60　材质球设置添加脚本

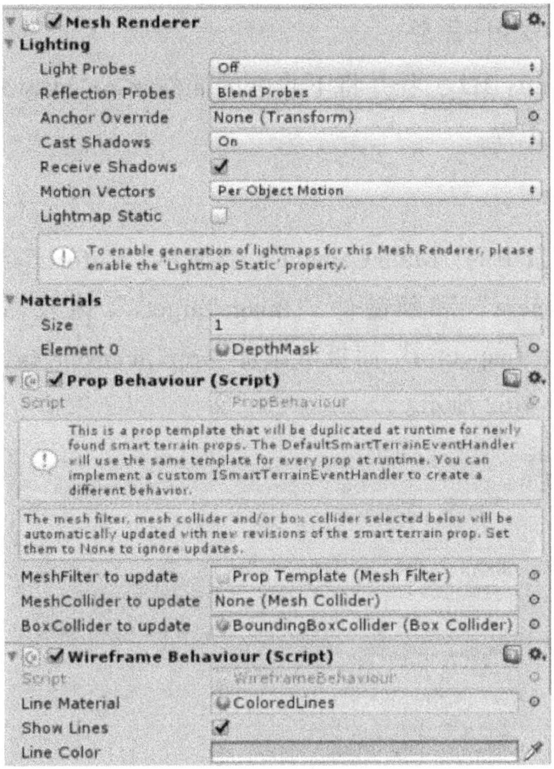

图 4-61　材质球设置添加脚本

最后，运行 Unity 3D 扫描识别图，并在场景中置入一个随机的物体。扫描成功后会出现暗紫色的阴影部分，随后如果扫描出了场景中的三维物体，该物体上就会生成一个浅绿色的立方体盒子（不同设置下的颜色不同）。

（八）虚拟按钮

使用 Vuforia 实现增强现实效果之后，有时需要与这些虚拟模型进行交互，同时为了使交互方式更加魔幻，用户可以在真实的识别图像上进行点击，从而触发 App 中的某些行为。Vuforia SDK 中 Virtual Button 可以实现这样的交互。

1. 插件下载

登录 Vuforia 官网，下载 Vuforia SDK 的 Unity 3D 版本。

2. 创建 Unity 3D 工程

新建一个 Unity 3D 工程并将下载好的插件导入 Unity 3D，同时将识别图数据包导入该工程。

3. 场景搭建

首先删除场景中的“Main Camera”，接着从“Vuforia”/“Prefabs”中将预制件“ARCamera”和预制件“ImageTargets”拖入场景，在预制件“ARCamera”的“Inspector”面板下添加 App License Key，并激活当前识别图信息，如图 4-62 所示。

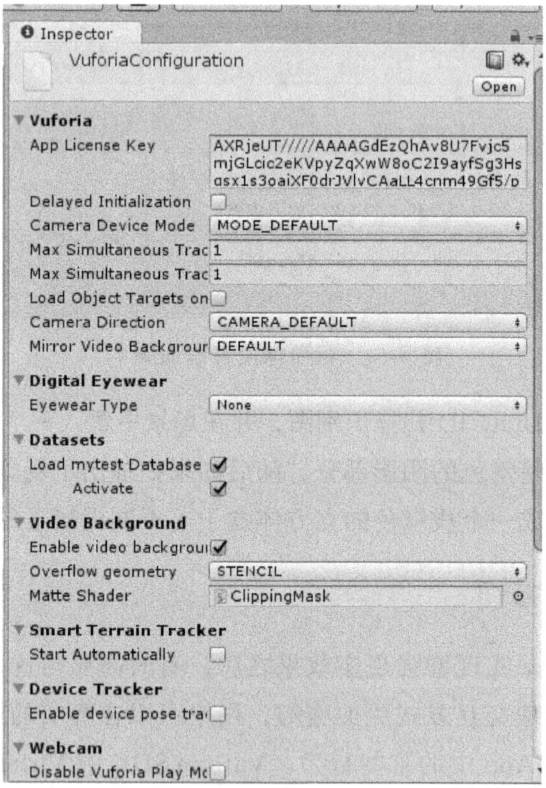

图 4-62　设置添加脚本

在“ImageTarget”下分别创建一个“Cube”和一个“Sphere”，并将“Project”视图中“Vuforia/Prefabs”下的“VirtualButton”预制件拖入

“ImageTarget”，需要两个按钮进行控制操作。然后在“Virtual Button”的“Inspector”层级视图里分别将两个按钮重命名为“btnLeft”和“btnRight”，代表左和右两个不同的按钮，如图 4-63 所示，设置完成后“Hierarchy”界面如图 4-64 所示。将“Cube”的棱长设置为 0.3，“Sphere”的半径设置为 0.4，将两个新建的材质球“Cube”和“Sphere”设置为不同的颜色，以便观察，此时 Unity 3D 场景界面视图如图 4-65 所示。

图 4-63　按钮设置

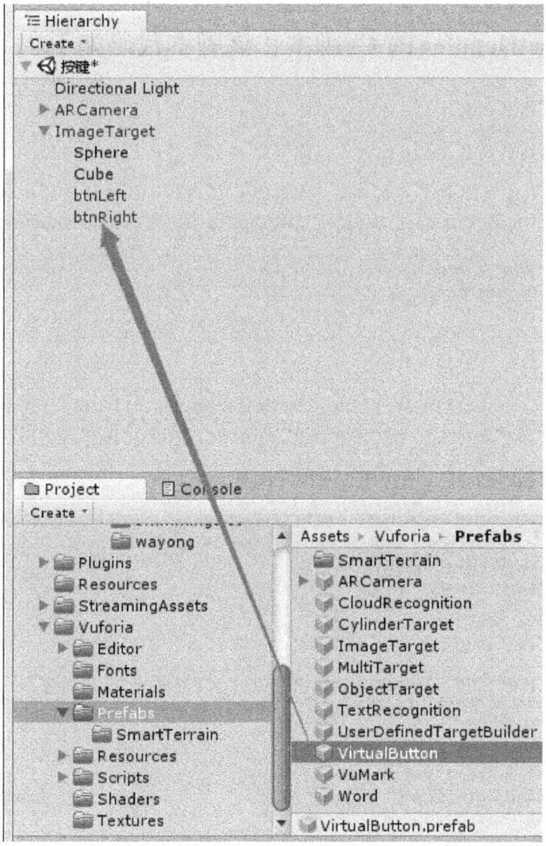

图 4-64　预设物设置

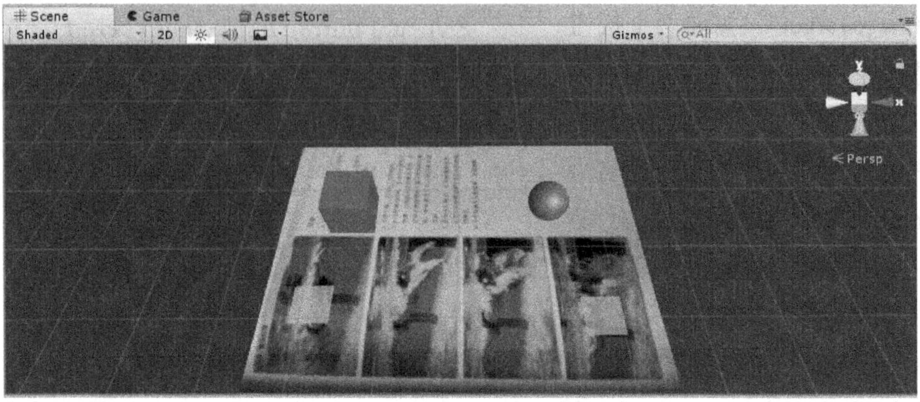

图 4-65　Unity 3D 环境下的设置效果

4. 完成上述操作后，为预制件“VirtualButton”添加一个名为 VirtualButtonEventHandler 的 C#脚本，该脚本代码如下：

```
using UnityEngine;
//using System.Collections;
using System.Collections.Generic;
using Vuforia;

public class VirtualButtonEventHandler : MonoBehaviour,IVirtualButtonEventHandler {

    private GameObject model_1;
    private GameObject model_2;


    // Use this for initialization
    void Start () {
        VirtualButtonBehaviour[] vbs = GetComponentsInChildren<VirtualButtonBehaviour>();
        for (int i = 0; i < vbs.Length; ++i)
        {
            vbs[i].RegisterEventHandler(this);
        }
        model_1 = transform.Find("Cube").gameObject;
        model_2 = transform.Find("Sphere").gameObject;
        model_1.SetActive(false);
        model_2.SetActive(false);

    }

    public void OnButtonPressed(VirtualButtonAbstractBehaviour vb) {
        switch (vb.VirtualButtonName) {
        case "btnLeft":

            model_1.SetActive(false);
            model_2.SetActive(true);
            break;

```

```
            case "btnRight":
                model_1.SetActive(true);
                model_2.SetActive(false);
                break;

        }
    }
    public void OnButtonReleased(VirtualButtonAbstractBehaviour vb)
    {
        Debug.Log("Button released");
        model_1.SetActive(false);
        model_2.SetActive(false);
    }

    // Update is called once per frame
    void Update()
    {

    }
}
```

5. 功能实现

运行 Unity 3D 并扫描识别图，由于最开始时将两个物体隐藏起来了，所以看不到东西。当“按下”左边的“ShowCube”按钮时，画面中出现立方体效果，如图 4-66 所示。接着“按下”右边的“ShowSphere”按钮，画面中出现球体效果，如图 4-67 所示。

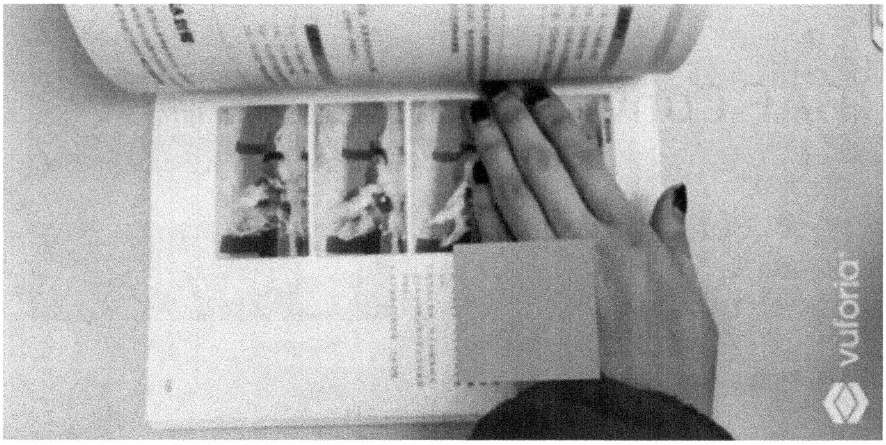

图 4-66　立方体效果

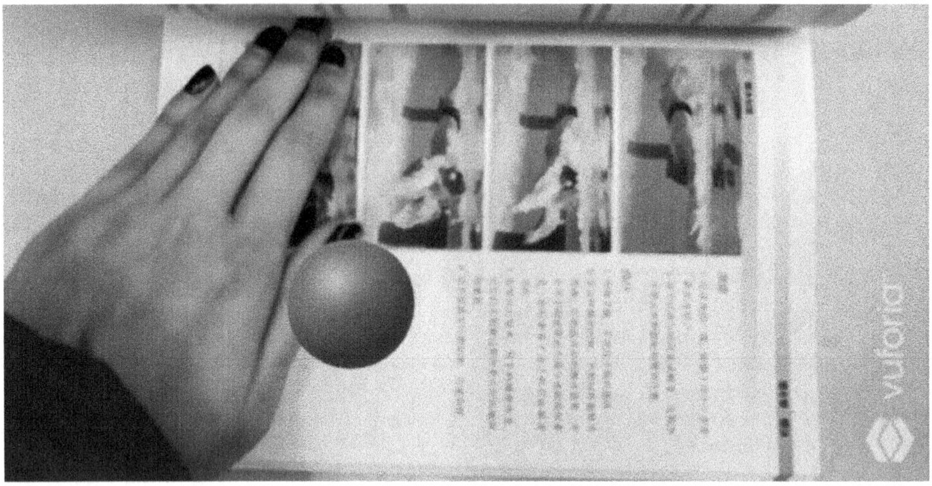

图 4-67　球体效果

（九）AR 动画：AR 与 Flash 动画的结合

Unity 3D 本身并不支持播放 Flash 动画，但插件 GAF Converter 可以直接将 Flash 动画导出并在 Unity 3D 环境下播放。

1. 准备 GAF 插件

登录 GAF 官网 http://gafmedia.com/downloads，分别下载电脑版和 Unity 3D 版，如图 4-68 所示。

图 4-68　GAF 插件

下载好之后将得到 gaf.unitypackage 和 gaf-Converter-5.9.exe 两个文件，如图 4-69 所示，EXE 文件安装完成之后，能够将 SWF 文件直接转化为 Unity 3D 支持的资源，然后在 Unity 3D 工程中导入 gaf.unitypackage 插件包，该插件包包含了能够播放 Flash 资源的代码。

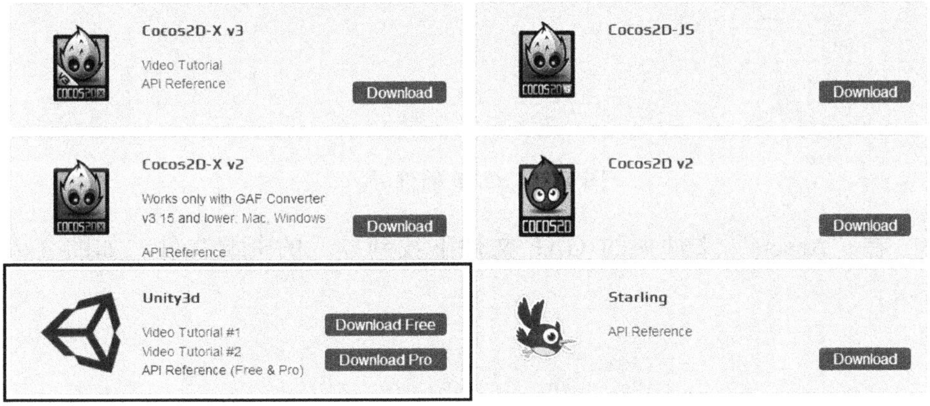

图 4-69　下载 gaf.unitypackage

2. 实现动画播放

成功导入后项目面板中会出现 GAF 插件包，该插件包下含有 Docs、Example、Plugins、Resources、Scripts 文件包，如图 4-70 所示，将做好的 Flash 动画导入 Example 中，然后进行下一步的操作。

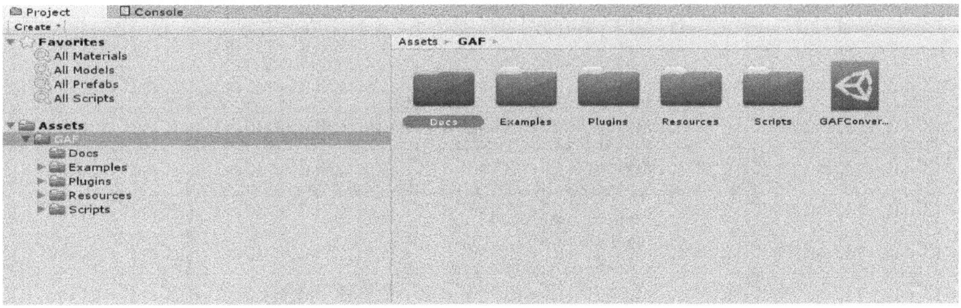

图 4-70　GAF 插件导入

导入成功后如图 4-71 所示。

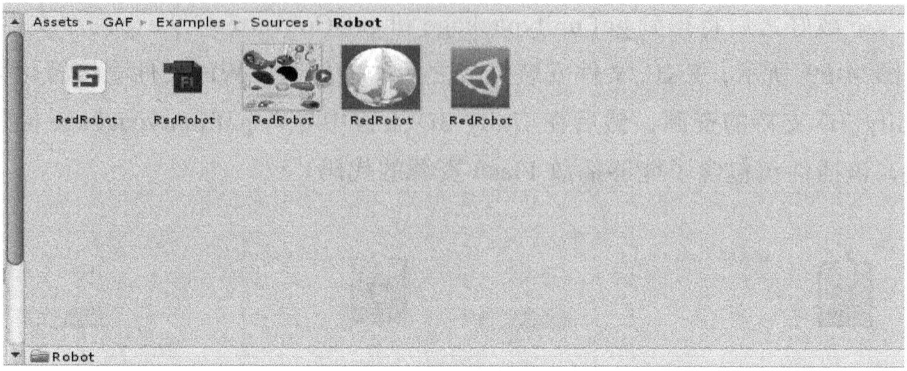

图 4-71　GAF 插件导入

在“Assets”文件夹的 GAF 文件下找到导入的资源文件，如图 4-72 所示。

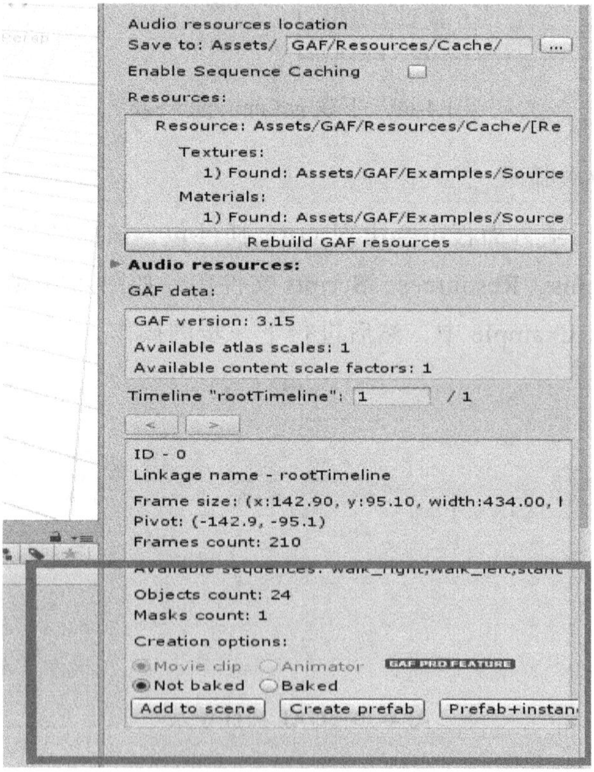

图 4-72　GAF 插件设置

“Baked” 表示不创建子对象文件，将该 Flash 整合为一个完整的个体。“not baked” 表示创建该 Flash 给部分子对象，形成可拆分对象。此处选择只在场景中创建一个整个的对象，所以选择“Baked” 并点击“Add to scene” 按钮，Flash 文件在 Unity 3D 场景中创建完成。

3. 用 AR 方式实现扫描

使用 Vuforia 提供的 SDK 及数据包，分别导入相应的 SDK 及在网站上加载好的数据包。将生成的对象拖到 ImageTarget 下，成为其子对象，配置增强虚拟现实环境，并调整合适的位置属性，接下来点击运行进行测试。

第三节　游泳教学虚拟现实系统应用

一、游泳教学虚拟环境构建

虚拟现实系统包括硬件设备和软件支持两大部分，硬件设备提供虚拟现实环境搭建所需的必备条件，而软件则是在硬件设备的支持下呈现虚拟现实的内容，一般的虚拟现实系统主要由专业图形处理计算机、应用软件系统、输入输出设备和多媒体演示系统等组成。虚拟现实系统主要包括沉浸式和非沉浸式两种虚拟现实技术，所以接下来结合虚拟现实的基础知识和关键技术从沉浸式和非沉浸式两方面来介绍虚拟现实相关应用软件的开发。

（一）非沉浸式的虚拟环境构建

非沉浸式虚拟现实技术及其虚拟视景是借助鼠标、键盘、话筒等计算机的外设，通过屏幕或摄影技术获得的实际景物数据加上部分计算机生成的环境，从而为用户营造一个理想的窗口式的虚拟环境，它的优点在于用户相对比较自由，可以同时允许多个用户进入系统。

非沉浸式的人机交互是通过用户界面来实现的，系统界面就是人机之间的信息交互的界面，从某种意义上讲它比硬件和工作环境更为重要。系统用户界面设计效果的好坏直接关系体验者的使用感受，因此用户界面必须尽最大可能满足操作者感觉（视觉、触觉、听觉等）和情感这两个层次的需求，可以通过在空间环境交互式虚拟设计中运用实体虚化的方式达到。实体虚化即虚拟空间环境建模技术、视觉跟踪等技术的综合运用，一般是根据设计师现场实际勘测的数据并结合用户的要求在虚拟空间中建立物体的几何模型，确定其空间位置和几何元素的属性，数据越详细，空间建模越逼真。

游泳教学虚拟环境建构包括游泳场建模、周围环境建模、人物建模，以及虚拟环境的材质和天空、水波效果处理与虚拟环境的渲染等。当几何模型很难准确地刻画出真实世界中存在的某些特别对象或现象时，要采用一些特别的模型构建方法，如 Unity 3D 应用开发引擎可以对气象数据进行建模，生成虚拟环境气象情况（晴天、雾等）。虚拟空间和人物建模主要采用目前流行的 3ds Max 结合 Photoshop 软件来完成，最终使用户在虚拟环境中获取与真实环境相似的视觉感官认知。

前文已详细地讲解了三维虚拟环境、人物模型的构建，之后需要将建好的模型导入 Unity 3D 进行最终三维游戏开发或三维的交互式体验开发。Unity 3D 引擎是一款跨平台综合性开发工具，Unity 3D 最大的优势体现在三维渲染的效果和跨平台特性上。用户使用 Unity 3D 引擎能够制作出绚丽的 3D 视景，并实时生成查看，这些都要归功于 Unity 3D 引擎集成了强大的图形引擎和物理引擎。除此之外，Unity 3D 作为一个综合性的集成开发环境，具有可视化的编辑器、详尽的属性编辑器和动态的内容预览，提供给开发者的是一种可视化开发工作的方式。

除此之外，Unity 3D 交互开发时逻辑清晰，程序构成的基本单元是场景（Scene），多个或单个 Scene 组成一个 Unity 3D 程序，其中单个 Scene 又由一个或多个 GameObject（模型对象）组成，GameObject 的行为是由代码脚本（Script）控制的，Unity 3D 支持多种语言编写脚本。在进行虚拟现实游泳课程教学系统 PC 端交互设计时，将人物模型、泳池模型导入 Unity 3D 中，这时人物模型、泳池模型分别代表了一个 GameObject，将人物模型与 Kinect 收集到的人体关节点进行绑定并对相关代码参数进行修改，最终完成相应的交互设计。

（二）沉浸式的虚拟环境构建

虚拟现实系统硬件设备需要考虑双目视差，正常情况下，因为人的双眼之间存在 55～68 毫米的水平距离，所以左右眼看到的图像是不相同的，视野范围也是不同的。就水平方向来说，人的右眼的视野范围是中心线左偏 70° 到右偏 104° ，左眼的视野范围是中心线左偏 104°到右偏 70°。因此，若物体处于左右眼的视野重叠区域，则左眼和右眼观察到的物体是不同的，存在视差。人的大脑将视差图像融合，从而形成一幅立体的图像。

双目图像的获取是基于双目视差原理来实现立体视觉的，首先需要获得两幅供左右眼分别观看的双目图像，分别在左右两个视点上计算同一视景的投影图，然后使用立体图像显示设备，使左右眼分别看到相对应的画面，这样用户感觉看到的图像是三维立体的，从而产生空间感。双目图像的获取方式有以下三种：①双机拍摄：使用两部摄像机同时拍摄，两部摄像机模拟人的双眼的相对位置关系并排放置；②软件模拟：运用计算机视觉和计算机图形原理，从原始图像中计算出两幅双目图像；③从虚拟的三维视景中提取：虚拟的人工环境是三维的，但在单虚拟摄像机和单显示器显示的模式下，无法直接体现出虚拟环境的三维特性，因而要采用双虚拟摄像机，两部虚拟摄像机模拟人的双眼的相对位置，同时进行渲染，并用双目图像显示设备来显示虚拟摄像机渲染出的图像。

在 Unity 3D 中要实现双目图像的分屏效果需要在 Unity 3D 中导入 CardboardSDKForUnity. unitypackage，该插件包中主要包含了脚本、编辑器脚本、shader 等，脚本中有一些重要属性，如 VR Mode 属性负责打开或关闭 VR 模式（分屏与否）；bool VRmodeenabled [default true] 属性确定场景是非立体显示（全屏显示）还是立体显示（分屏显示）。以下为部分虚拟效果实现的重要代码。

```
public void ToggleVRMode() {
  Cardboard.SDK.VRModeEnabled = !Cardboard.SDK.VRModeEnabled;
}


public bool VRModeEnabled {
  get {
    return vrModeEnabled;
  }
  set {
    if (value != vrModeEnabled && device != null) {
      device.SetVRModeEnabled(value);
    }
    vrModeEnabled = value;
  }
}
[SerializeField]
private bool vrModeEnabled = true;

public RenderTexture StereoScreen {
  get {
    // Don't need it except for distortion correction.
    if (!distortionCorrection || !vrModeEnabled) {
      return null;
    }
    if (stereoScreen == null && NativeDistortionCorrectionSupported) {
      StereoScreen = CreateStereoScreen();  // Note: use set{}
    }
    return stereoScreen;
  }
  set {
    if (value == stereoScreen) {
      return;
    }
    if (!NativeDistortionCorrectionSupported && value != null) {
      Debug.LogError("Can't set StereoScreen: native distortion correction is not supported.");
      return;
    }
    if (stereoScreen != null) {
      stereoScreen.Release();
    }
    stereoScreen = value;
    if (stereoScreen != null && !stereoScreen.IsCreated()) {
      stereoScreen.Create();
    }
    if (device != null) {
      device.SetStereoScreen(stereoScreen);
    }
  }
```

本系统的沉浸式交互是通过 VR 眼镜观看移动端上的虚拟场景与 Kinect 体感设备完成的。设计移动端虚拟场景沉浸效果需要将移动端的画面分成同步播放的两部分来实现立体视觉。通过 TrinusVR 这款软件实现电脑端与手机端画面的同步，并将移动端的设备进行分屏处理，使体验者通过 VR 眼镜观看画面时可以体验到逼真的 3D 效果，具体操作如下。

1. 电脑端和移动端同步

在电脑端和移动端分别安装 Trinus 对应的电脑端和移动端软件，设置相同的端口号以保证电脑端和移动端在同一个网络里，为了简化连接方式，本设计将移动端与电脑端通过无线网络（Wi-Fi）进行传输，在使用无线传输时要注意移动设备与电脑都要处于同一 Wi-Fi 环境下，在电脑端操作时需要点开 Wi-Fi 热点，点击完成后，下方的密码、用户名都是灰色的，Wi-Fi 热点连接如图 4-73 所示。

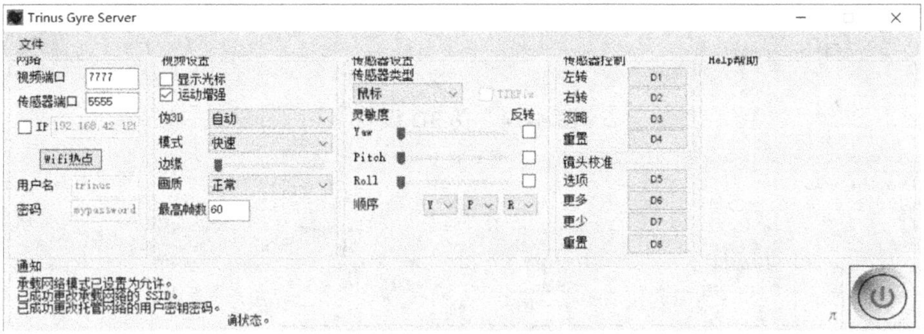

图 4-73　Wi-Fi 热点连接

2. 移动端画面分屏

体验者戴上 VR 眼镜进行观看时，移动端画面需要进行分屏显示才能实现虚拟现实的效果，这一功能的实现需要利用 3D 效果中的相关选项，伪 3D 选项中自动或关闭，移动设备都只显示一个画面，没有分屏的效果。在佩戴 VR 眼镜进行沉浸式的虚拟现实交互体验时，一定要选择打开伪 3D，这是虚拟现实交互实现的关键一步，图 4-74 为伪 3D 设置。

边缘选项中的参数决定移动端显示的两个画面到显示屏边缘的距离，通常情况下该选项不需要调整，画质可根据手机配置的实际情况进行选择。由于本设计的系统中没有其他外部传感设备，传感器类型选项选择无传感器。为了后续操作方便将镜头校准的“D5”“D6”“D7”“D8”相关选项改成“F1”“F2”“F3”“F4”，即将鼠标选中相应的选项再按键盘中的“F1”

“F2”“F3”“F4”即可，上述操作完成后，完成如图 4-75 所示的其他参数的调整。

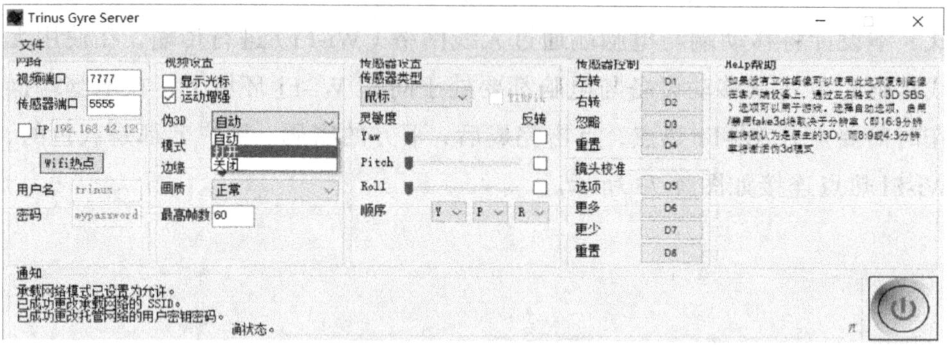

图 4-74　伪 3D 设置

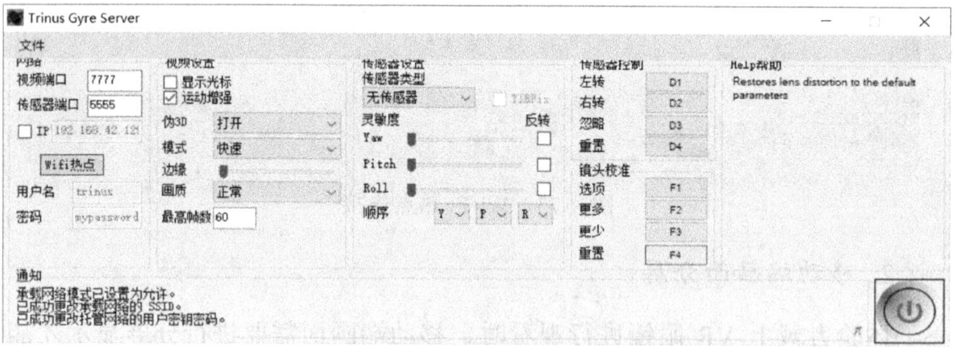

图 4-75　其他参数调整

3. 镜头校正

通过“镜头校正”调整移动端画面，使其达到最佳视觉效果。在调整移动端画面时，首先按“F1”找到要调整的相关参数，再对该参数进行调整，再找到“ScaleY”，根据常用的移动端与电脑端显示比例，通常按“F2”将移动端整个画面的宽度缩短。移动端分屏的两个画面之间不需要留间隙，在“WarpY”选项中按“F3”将两个画面的长度都拉长，使两个画面的第二根线正好连接，再找到“WarpZ”选项按“F3”将两个画面的长度都拉长，使两个画面长度的边缘线拉直，效果如图 4-76、图 4-77 所示。

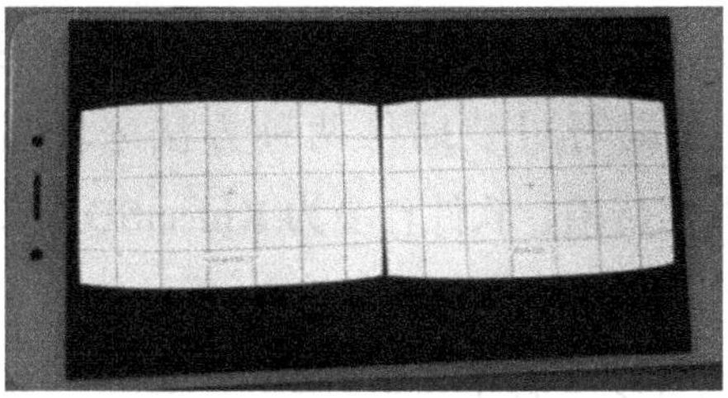

图 4-76　移动端画面调整前

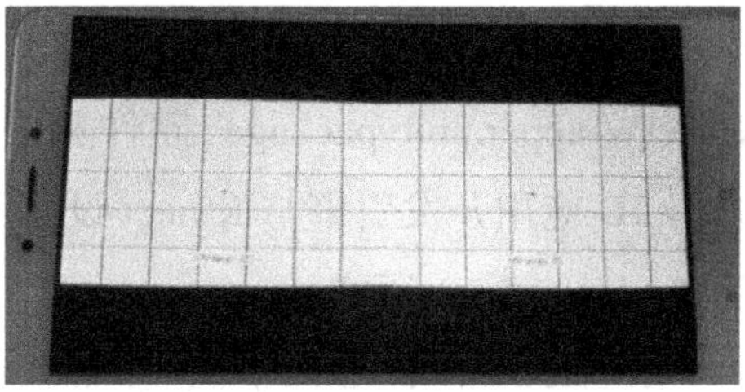

图 4-77　移动端画面调整中

调整完“WarpZ”选项，分屏的两个画面之间虽没有缝隙但又出现了堆叠的问题，需要找到“ScaleX”选项按“F2”调整两个画面的宽度，使其都缩短，两个画面正好相连，画面调整完成的效果图如图 4-78 所示。相关数据调节完成后点击电脑端和移动端的“开始”按钮，移动端便可分屏同步显示画面，连接 Kinect 设备实现沉浸式虚拟交互效果，如图 4-79 所示。

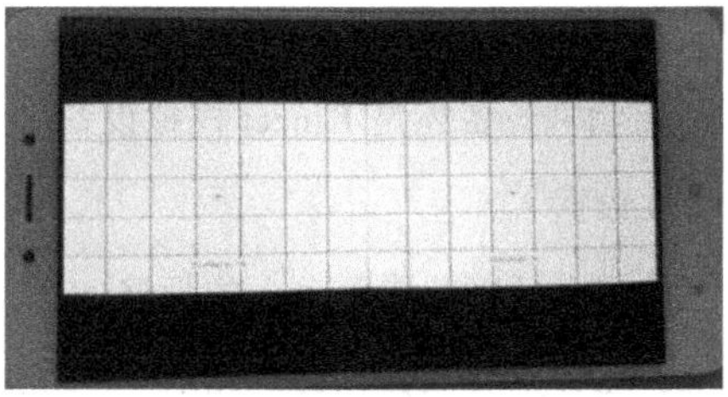

图 4-78　移动端画面调整完成的效果图

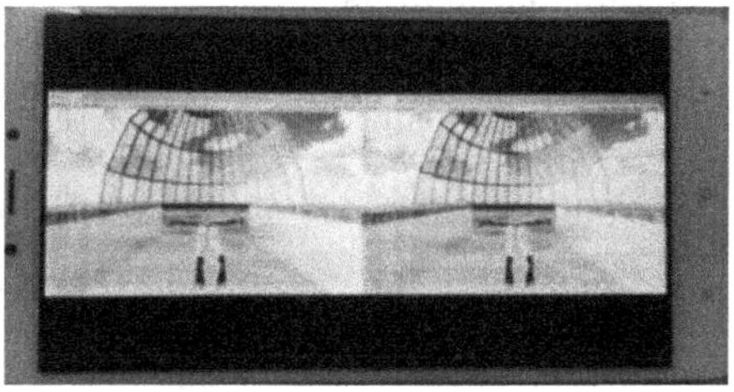

图 4-79　移动端画面

二、游泳教学虚拟现实交互的实现

（一）体感交互的实现

1. 体感交互技术

目前体感技术的实现较多采用 Unity 3D 应用开发引擎与 Kinect 硬件设备结合的方法，与 Kinect 硬件设备进行数据传输主要包括以下几种方法：KinectWrapper.unitypackage 插件、OpenNI_Unity_Toolkit- 0.9.7.4.unitypackage 插件、Zigfu 插件、Adevine1618 插件，也可使用 C#、C++或 Java 语言编写封装的.dll 插件。在对以上几种插件的优缺点进行分析后，本设计选择采用 KinectWrapper.unitypackage 插件和自定义编写封装插件两种方法来实现 Unity 3D 应用开发引擎与 Kinect 设备的数据传输，软件环境为 KinectSDK1.7 版本、Unity4.5.1 版本。

KinectWrapper.unitypackage 插件中包含多个脚本，每个脚本在 Kinect 设备与 Unity 3D 应用开发引擎的数据传输中起不同的作用，如表 4-2 所示。

表 4-2　KinectWrapper.unitypackage 插件脚本功能列表

脚本名称	功能
KinectModelControllerV2	控制模型，可将人体模型骨骼匹配到脚本暴露的骨骼变量（全局变量）上，并能将 3D 模型骨骼与 Kinect 硬件设备识别到的人体骨骼进行绑定
KinectPointController	控制人体部位的点，这些点被设置在脚本的暴露变量（全局变量）中，便于使用 Kinect 设备控制
DeviceOrEmulator	判断是使用 Kinect 物理设备还是 Kinect 模拟设备
DepthWrapper	获取人的深度图像数据
SkeletonWrapper	获取骨骼数据，且最多可以获取两个人的骨骼
KinectInterop	从 MicrosoftKinectSDK 里获取数据，是 Kinect 与 Unity 3D 数据传输的关键
DisplayDepth	获取人的深度图像
DisplayColor	获取人的 RGB 图像
KinectRecorder	记录动作，为 Kinect 模拟器（Emulator）产生回放文件，只有使用模拟器的时候会用到
KinectEmulator	模拟 Kinect 设备，与 KinectRecorder 产生的回放文件一同运行
KinectSensor	利用 KinectInterop 获取 Kinect 中的数据

2. 体感交互的实现

设计过程中，Unity 3D 应用开发引擎与 Kinect 设备数据传输的关键是预制件“Kinect_prefab”的设置，在使用 KinectPointController 和 KinectModel

ControllerV2 两个脚本时，需要把这个预制件放入暴露变量 SW（Skeleton Wrapper）中。

Unity 3D 应用开发引擎“Hierarchy”面板中提供了预制件“Kinect_prefab”设置的窗口，把 KinectModelControllerV2 放在人体模型的父级，在暴露的骨骼变量中放入该模型与变量对应的骨骼，将预制件“Kinect_prefab”拖拽入人体模型的 KinectModelControllerV2 暴露变量 SW 上。Kinect 设备可以控制 20 个骨骼，KinectModelControllerV2 则不止控制 20 个骨骼，所以必须把 Wrist 手腕、Hand 手、Finger 手指的变量都绑定在 Hand 手骨骼变量上，同样，Ankle 脚踝、Foot 脚的变量都绑定在模型中。而控制两个人体模型就必须设置“Player”变量的值。“Mask”变量可以设置为所有的骨骼被控制，选中“Animated”选项可以让模型播放自带动画，并需要设置“Blend Weight”（范围 0～1），“Blend Weight”的值决定动画和 Kinect 驱动动作的合成动作效果，如图 4-80 所示。绑定所有的骨骼变量

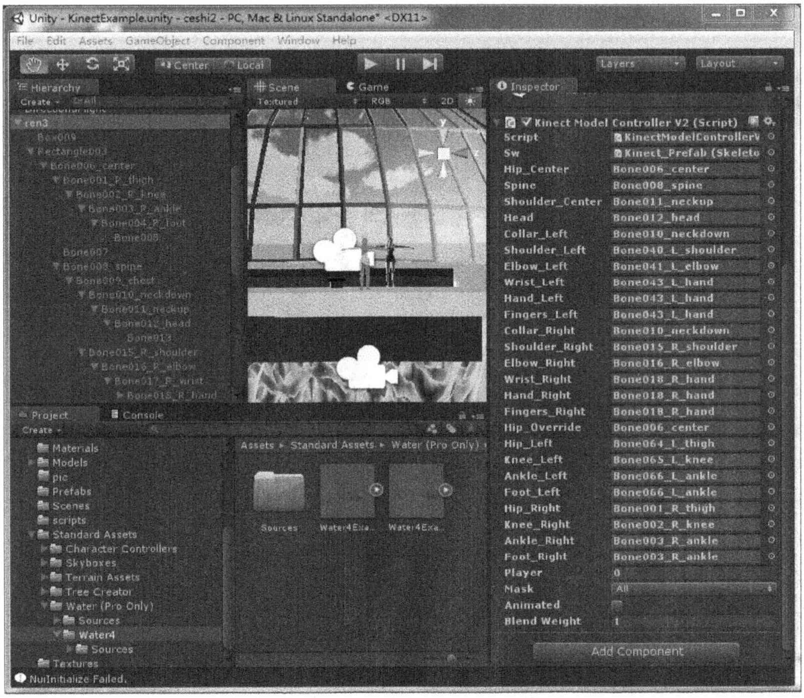

图 4-80　调置 KinectModelControllerV2 暴露变量的值

配合 Kinect 运行，虚拟环境中的人物模型便可以随着操作者动起来，并展示出与操作者相同的动作。

Kinect 设备使用前要对 Kinect 设备其进行环境配置，配置所需软件有 Kinect SDK for Windows、.NET Framework 4.0、Visual Studio 2010 以上版本、Windows 7 以上版本。Kinect SDK 具体的安装步骤如下：①移除 Kinect 设备，关闭 Visual Studio。②在微软官网上下载并安装 Kinect for Windows SDK 和 Kinect Developer ToolKit 文件。其中 Kinect for Windows SDK 提供 Kinect 设备驱动和设备访问，Kinect Developer Toolkit 用于程序开发。③确定 Internet 联机正常并接上 Kinect 外接电源和计算机 USB 接口，等待下载必要的驱动程序安装成功后，Kinect 设备便可以使用。环境配置完成后将 Kinect 与台式电脑或笔记本进行连接，连接完成后在 Unity 3D 应用开发引擎中打开要测试的窗口进行虚拟交互的体验，如图 4-81 所示。

图 4-81　虚拟交互体验

（二）虚拟效果的实现

1. 3ds Max 渲染技术

Unity 3D ShaderLab 是目前 Unity 3D 应用开发引擎中设置 3D 模型光线和材质的语言工具，从代码结构来看，与 CgFX 和 Direct3D 的语法结构相似，是顶点（Vertex）的编写，同时也为材质属性设置提供更多的选择。Unity 3D 应用开发引擎中有 60 多个 Shader 文档，被分为普通（Normal）、透明（Transparent）、透明镂空（Transparentcutout）、自发光（Self-Llluminated）、反射（Reflective）五个大类。在 Unity 3D 材质面板属性中可以看到不同的“Shaders”，设置“Shaders”的资源和参数。在代码编写中，使用 Cg/HLSL/GLSL 程式语言。利用“Shader”呈现的虚拟世界极其丰富多彩，不管是美丽与邪恶，还是奇幻与真实，都完全超乎人们的想象。

运用 Unity 3D Shaderlab 结合 3ds Max 可以营造出更加逼真的虚拟仿真效果，提供与各种虚拟现实设备交互的设计平台，能让用户进行虚拟交互体验。

2. Unity 3D Shaderlab 着色器

Unity 3D 应用开发引擎要实现虚拟效果可通过 ShaderLab 的三种表现形态：①传统的固定管线，这是一种约束性较高的形态，兼容老式显卡，固定管线的形态和语法与传统显卡语法形式相似，但这种形态逐渐被淘汰。固定管线的相关代码处于 Pass 块中。②可编程的 Shader，这是功能最强大、最自由的形态，特征是在 Pass 里出现 CgProgram 和 Endcg 块，相关代码在 Unity 3D 中可支持写成#pragmavertex+#pragmafragment。③SurfaceShader，可以处理不同的照明、点光源、平行光、光照贴图等，在 Unity 3D 应用开发引擎中有两个渲染路径“Forward”和“Deferred”，其特征是出现在 CgProgram 和 Endcg 块的 SubShader 里，而不是出现在 Pass 里。相关代码编译指令为#pragmasurfacesurfaceFunction。Unity 3D 编辑器中创建

Shader 的代码如下：

```
Shader "Custom/NewShader" {
    Properties {
        _MainTex ("Base (RGB)", 2D) = "white" {}
    }
    SubShader {
        Tags { "RenderType"="Opaque" }
        LOD 200

        CGPROGRAM
        #pragma surface surf Lambert

        sampler2D _MainTex;

        struct Input {
            float2 uv_MainTex;
        };

        void surf (Input IN, inout SurfaceOutput o) {
            half4 c = tex2D (_MainTex, IN.uv_MainTex);
            o.Albedo = c.rgb;
            o.Alpha = c.a;
        }
        ENDCG
    }
    FallBack "Diffuse"
}
```

在游泳虚拟环境设计中，水面的增强虚拟现实效果在整个设计过程中最为重要且最为复杂。以下以水面效果的设计为例，阐述使用 Unity 3D Shaderlab 设计的过程。第一，在 Unity 3D 应用开发引擎中为水面创建一个 Shader 文档并更名为“Water”，同时创建水面材质“Water Material”；第二，在“GameObject”中创建一个“EmptyGameObject”，更名为“Water”，选择“GameObject”:“MeshFilter”组件和“MeshRenderer”组件；第三，在资源（Assets）中导入（ImportPackage）一个 3ds Max 资源包——水，资源包（Package）可以使用 Unity 3D 应用开发引擎自带的（Basic），也可以使用在 3ds Max 或者其他系统中制作完善的 3D 素材资源；第四，在“GameObject”：“Water”的“MeshFilter”组件中选择“WaterPlaneMesh”，同时在“MeshRenderer”组件中选择“Water Material”，如图 4-82 所示。

图 4-82　MeshFilter 组件和 MeshRenderer 组件属性设置

最后，在 Shader 中编写 Water 文档，编写材质的 Shader 文档是实现材质的增强现实效果的关键，文档中展现增强现实效果的关键部分编写在

```
Subshader{
    CGPROGRAM
    #pragmasurfacesurfacefunction
    ENDCG}
```

中，完成编写后在“WaterMaterial”属性面板“Shader”中添加将编写好的“Shader”：Water 文档，在水纹理图中选择“WaterWave”图片，如图 4-83 所示。

图 4-83　Shader 属性设置

完成以上步骤，实现水面波纹的效果。在场景中调整摄像头的角度，即可展现出水面波纹增强虚拟现实的效果，如图 4-84 所示。

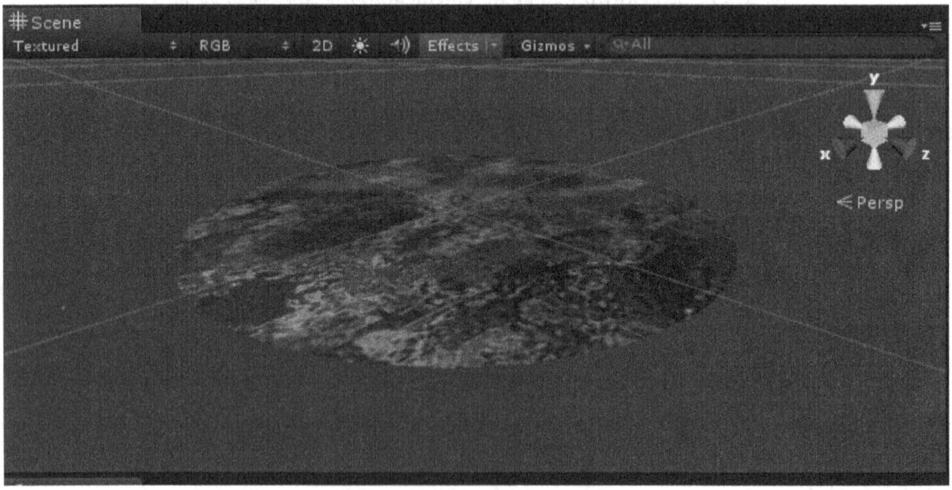

图 4-84　水面波动效果

（三）沉浸效果的实现

沉浸效果的实现是通过 VR 眼镜观看手机上显示的游泳环境场景画面。要实现虚拟现实交互，则需要通过相应的软件如 3ds Max、玛雅或者 Unity 3D 创建相应的 3D 环境，在 Unity 3D 中可以导入其他系统制作的 3D 环境。游泳教学场景的创建参考本章前面所讲内容，由于市面上常见的 VR 眼镜主要是与移动端进行交互，其实现 3D 效果最基本的条件就是将手机屏幕分屏，然后通过两个镜片，左右眼得到同样的图像信息，消除双眼视角重叠带来的分离感，从而取代看到前方是距离很近的显示屏的感觉。图 4-85 为体验者在进行游泳教学 VR 交互体验，同样，游泳教学 VR 交互实现的关键就是将电脑端 Unity 3D 所显示的画面分屏并实时显示到移动端。

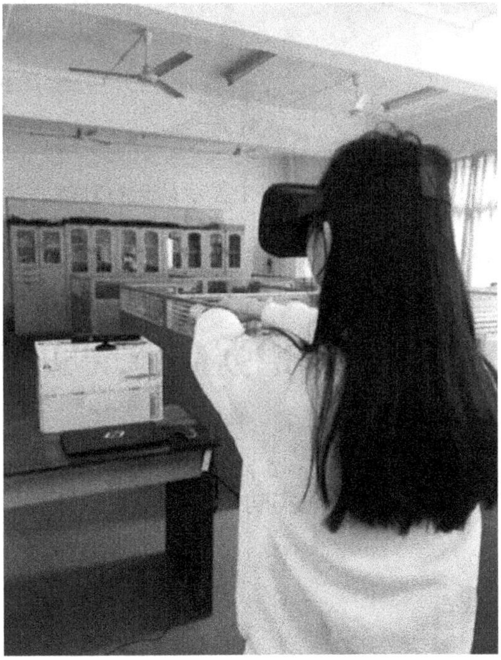

图 4-85　利用 VR 设备进行交互体验

将安装并调试好 Trinus 的移动设备和电脑设备同时运行，Trinus 电脑画面实时分成两部分显示在移动端上，完成移动端与电脑端同步后，运行 Kinect for Windows SDK 完成对 Kinect 设备的驱动与访问，Kinect 运行完成后，在 Unity 3D 中打开运行的场景，佩戴好 VR 眼镜进行沉浸式虚拟现实交互体验。图 4-86 为 VR 眼镜中显示的运行环境。

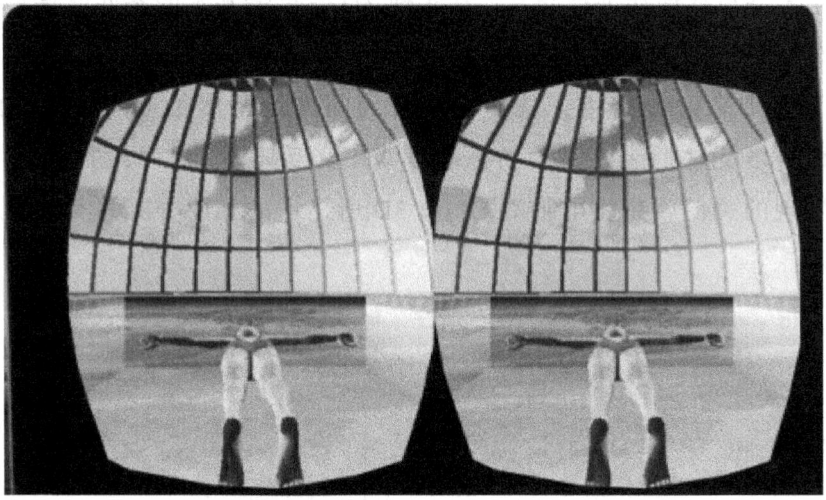

图 4-86　VR 眼镜中显示的运行环境

第四节　游泳教学增强虚拟现实应用开发

本节将对高校游泳教学增强现实功能开发过程进行详细的描述。

一、钥匙创建

登录 Vuforia 官网，创建一个 License Key，该 License Key 是为了验证最后导出的 App 的合法性。创建步骤如下：单击“Develop”，在 License

Manager 下面单击“Get Development Key”按钮，输入 App Name 后单击“Confirm”按钮即可加完成一个 License Key 的创建，一个 License Key 对应一个 App 应用设计，如图 4-87、图 4-88 和图 4-89 所示。

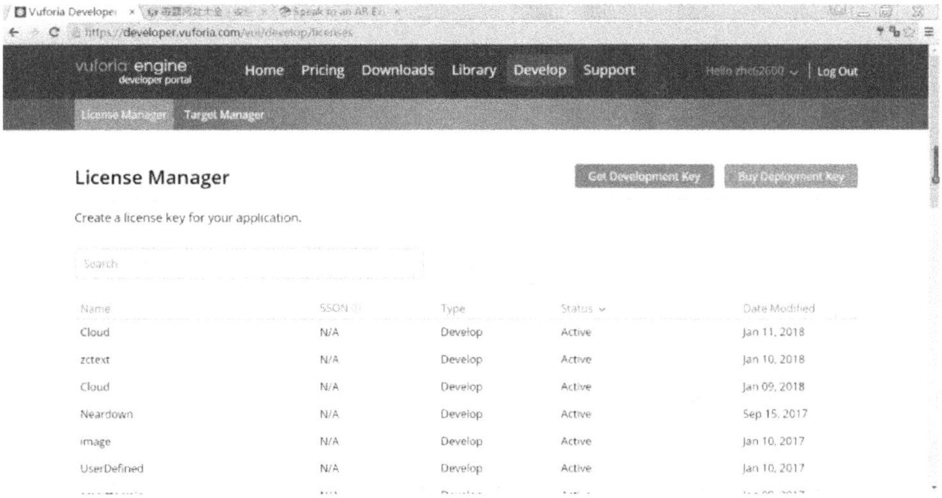

图 4-87　Vuforia 官网主页

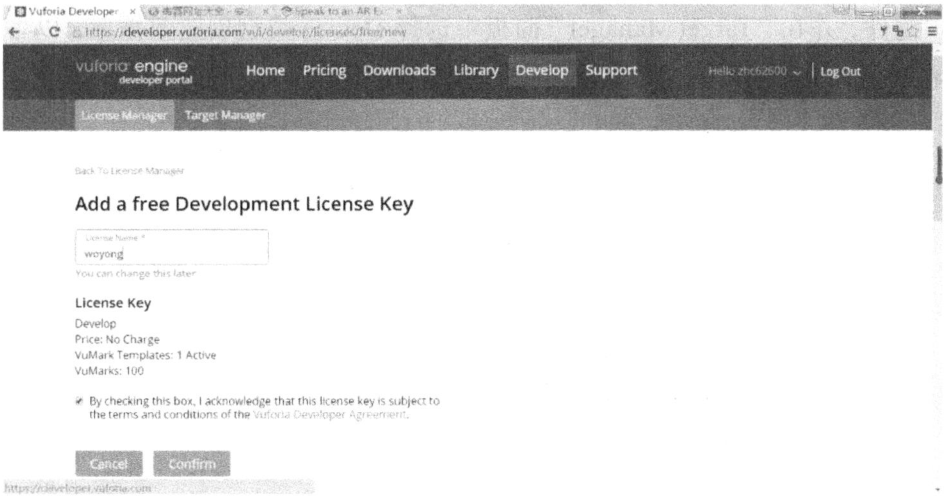

图 4-88　为 License Key 添加 App Name

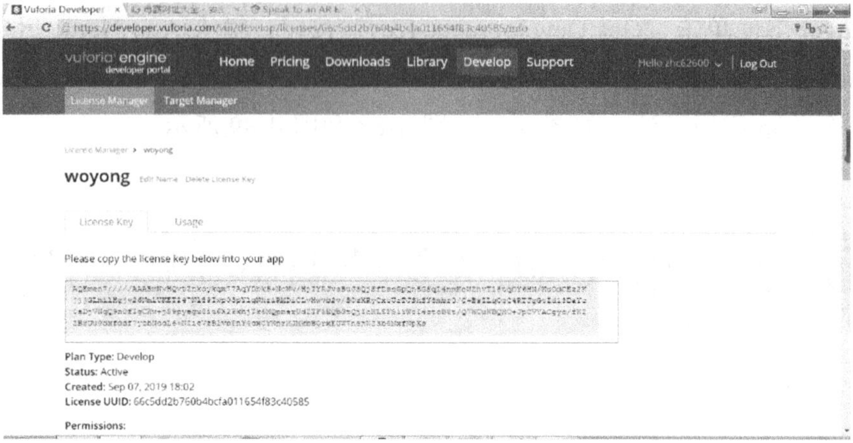

图 4-89　创建好的 License Key

二、数据库创建

Vuforia SDK 可以对图片进行扫描和追踪，需要扫描一个目标文件以支持增强现实功能的实现，Vuforia 支持 ImageTarget、Cube Target、Cylinder Target 和 3D Object Target 四种类型的 Target。本设计使用“ImageTarget”预制件，并在“Target Manager”面板中选择 Device 类型创建数据集，以备增强虚拟现实插件使用，如图 4-90、图 4-91 所示。

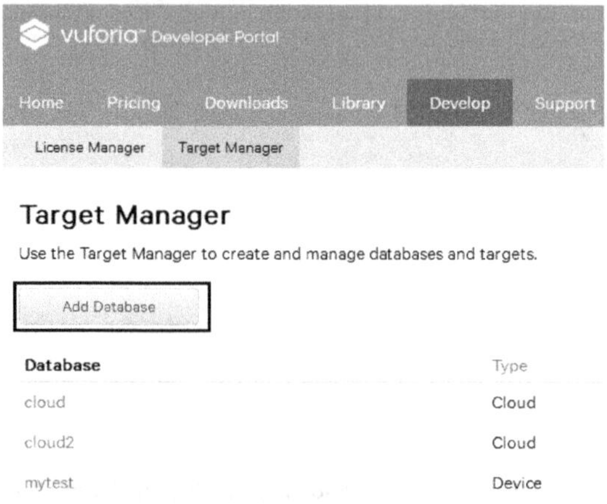

图 4-90　创建数据集

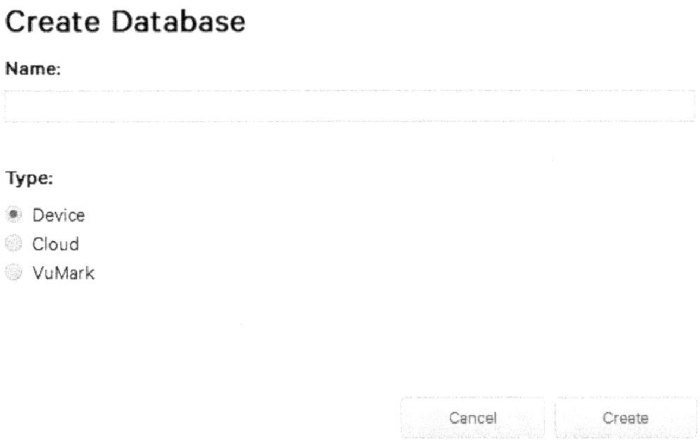

图 4-91 选择 Device 类型

（一）创建识别图数据集

添加创建的数据集，选择“Single Image”类型，导入选择好的识别图片，输入“Width”和“Name”属性值，完成识别图数据集创建，如图 4-92、图 4-93 所示。

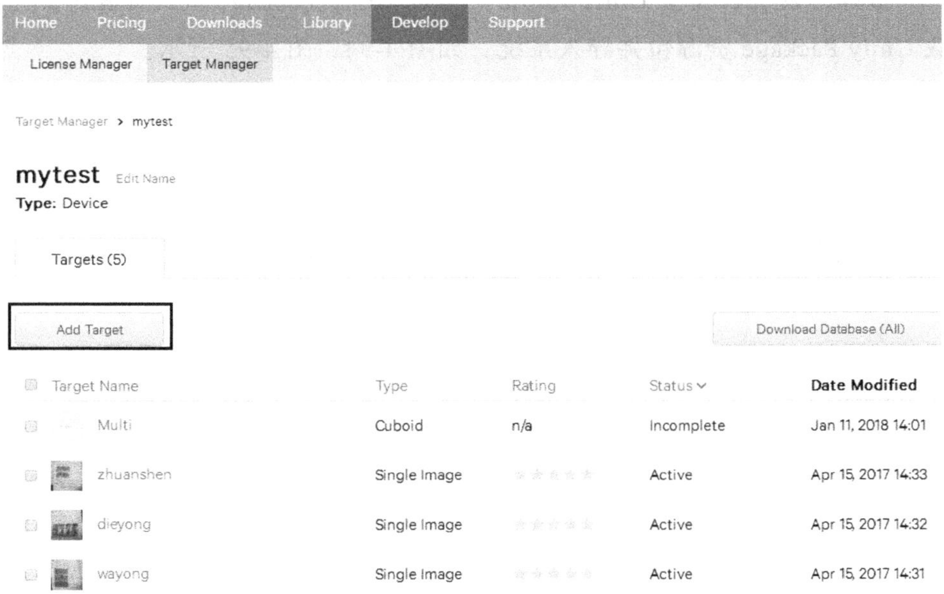

图 4-92 为数据集添加 Target

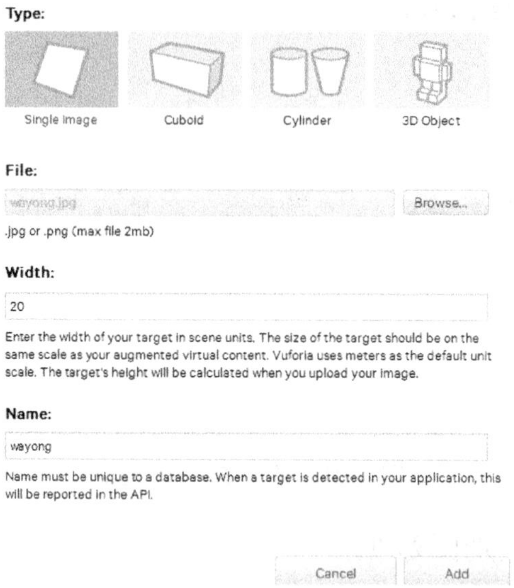

图 4-93　选择 Target 类型

（二）下载资源包

选择开发平台类型 Unity Editor，生成 Unity Package 格式资源包，下载 Unity Package 资源包并导入系统，如图 4-94、图 4-95 所示。

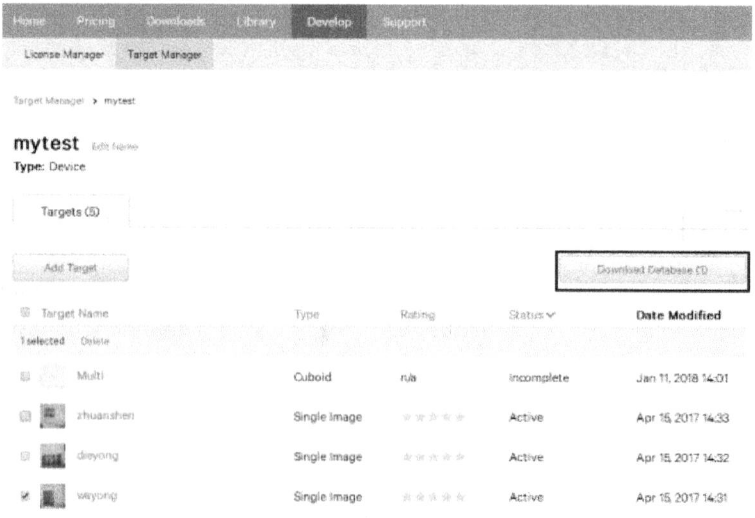

图 4-94　下载数据包

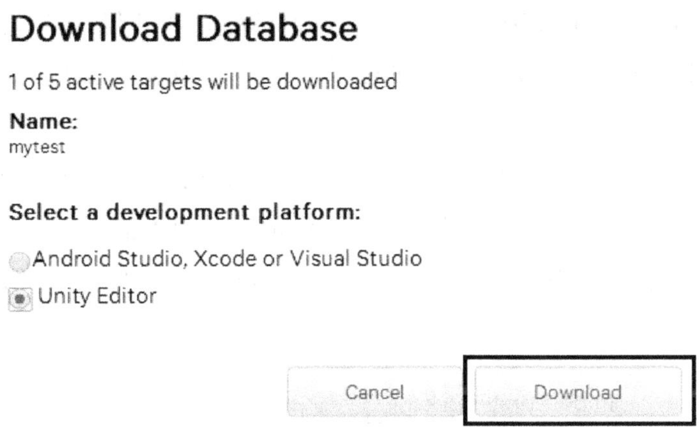

图 4-95　选择数据包下载类型

三、导入插件和素材

新建工程 Swimming，导入 Vuforia-Unity-6-2-10 和 VideoPlayback-6-2-10 插件及视频文件。登录 Vuforia 官网，单击“DownLoads”进入下载界面，下载 Unity 3D 开发增强虚拟现实应用所需的 Vuforia 的 SDK 和实现增强现实视频播放所需的插件，两者皆是 UnityPachage 类型的资源，如图 4-96 所示。

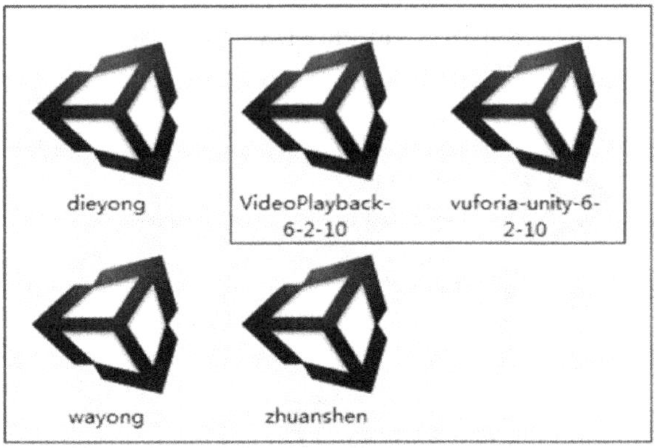

图 4-96　Vuforia SDK 和视频播放插件包

在 Unity 3D 工程中导入两个.unitypackage 插件包，“Project”窗口“Assets”中出现“Vuforia”文件夹，插件导入成功，如图 4-97、图 4-98 和图 4-99 所示。

虚拟现实视频即识别某张图像并播放与识别图像对应的视频文件。本设计以蝶泳、蛙泳和转身技术动作为例，采用 Unity 3D 支持的.mp4 文件格式，将游泳教学视频放入“StreamingAssets”文件夹下，如图 4-100 所示。

图 4-97　Vuforia SDK 导入界面

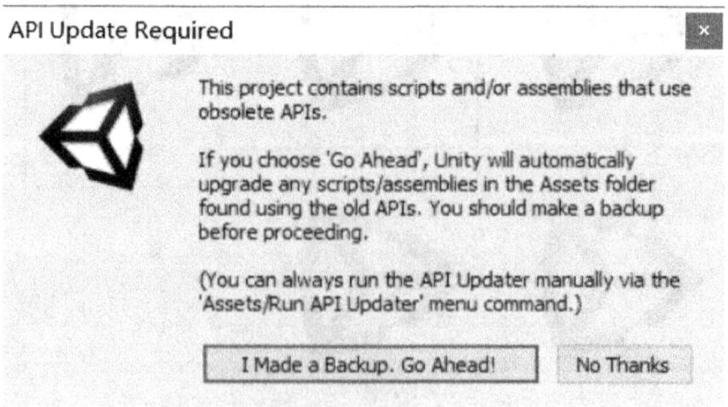

图 4-98　Vuforia SDK 导入提示框

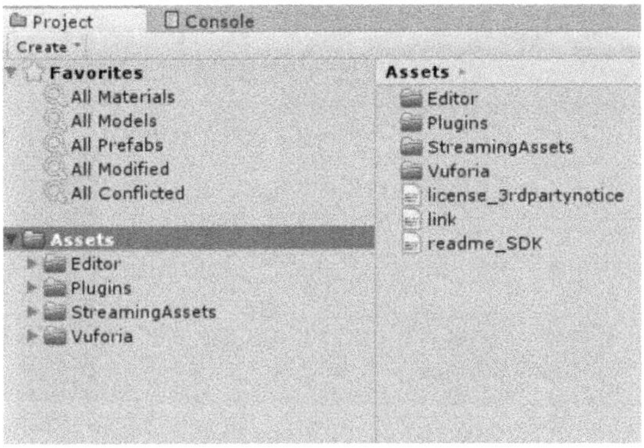

图 4-99　Unity Project 层级视图

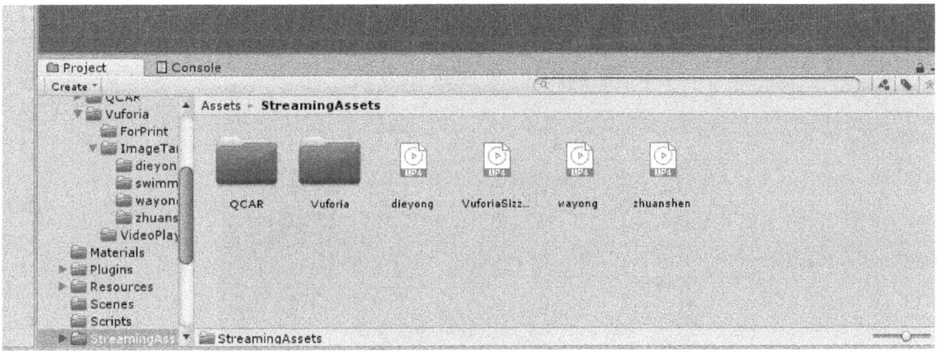

图 4-100　视频文件放入 StreamingAssets 文件夹下

四、创建按钮、天空盒、场景

（一）设置按钮

创建主界面场景按钮，该按钮用于不同视频场景的切换。在“Unity Hierarchy”视图中选择“UI”/“Button”菜单项添加主场景按钮，“Button”组件下的“Text”可任意编辑文字，如图 4-101、图 4-102 和图 4-103 所示。

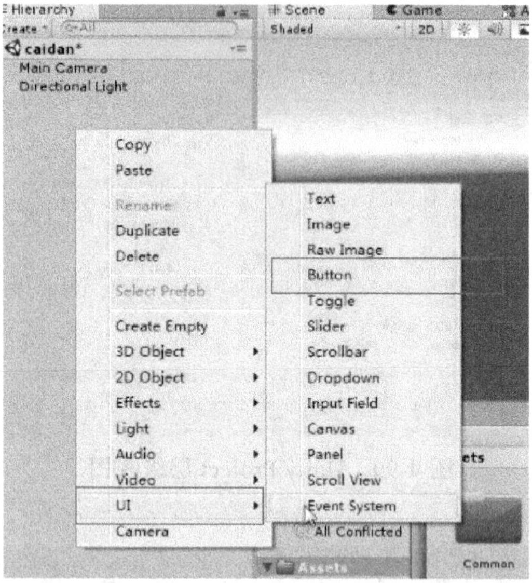

图 4-101　创建按钮方式一

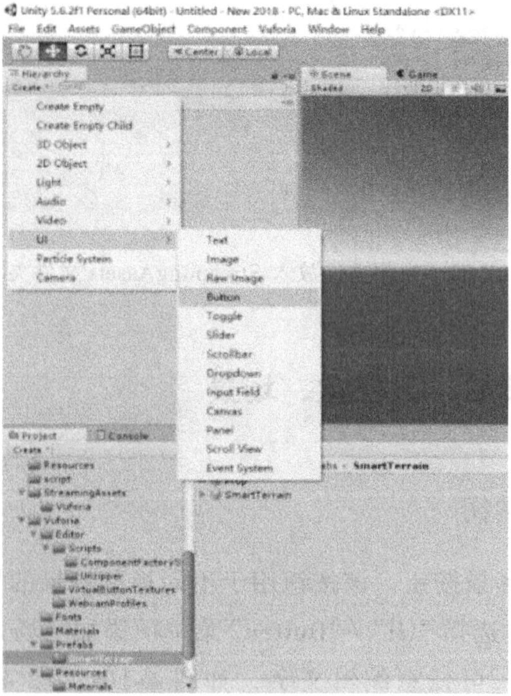

图 4-102　创建按钮方式二

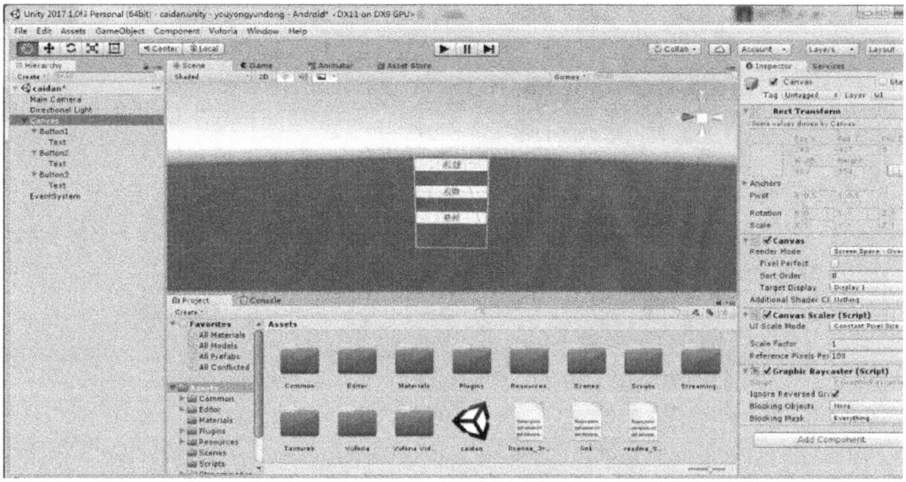

图 4-103　Unity 3D 场景视图按钮效果

（二）天空盒设置

在“Unity Project”层级视图中的“Materials”文件夹创建新材质球，在“Inspector”层级视图中设置“Shader”为“Skybox”/“6 Sided”，在“Inspector”中可替换三维空间图片，如图 4-104～图 4-107 所示。

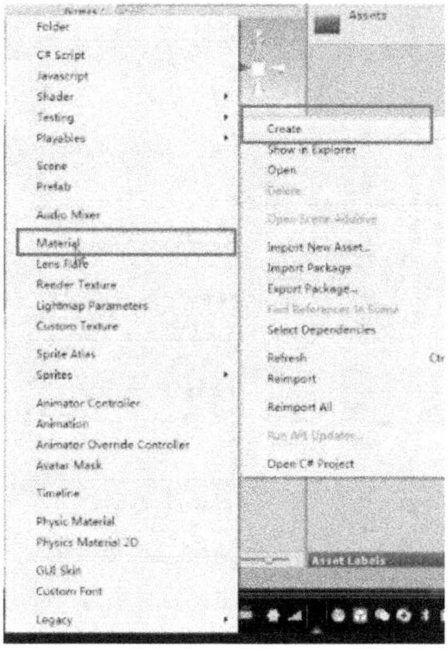

图 4-104　创建材质球

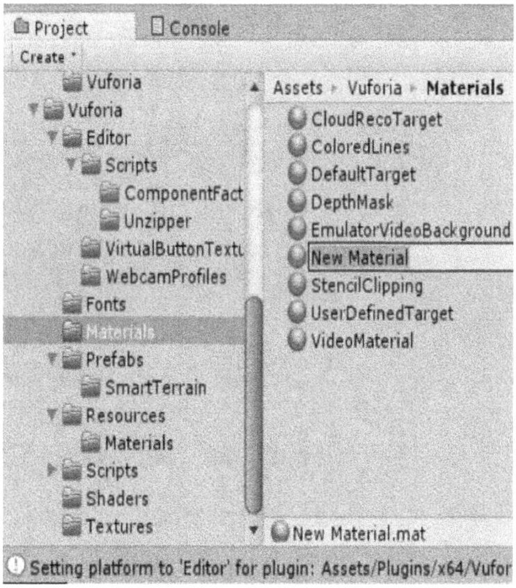

图 4-105　材质球重命名

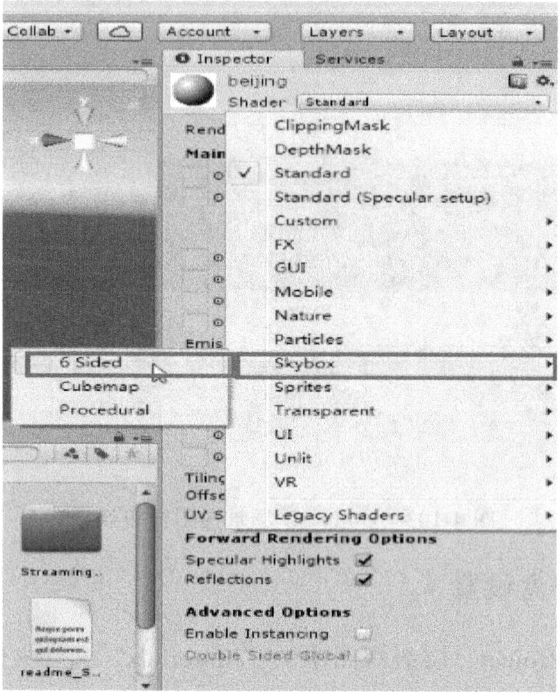

图 4-106　选择 Shader 类型

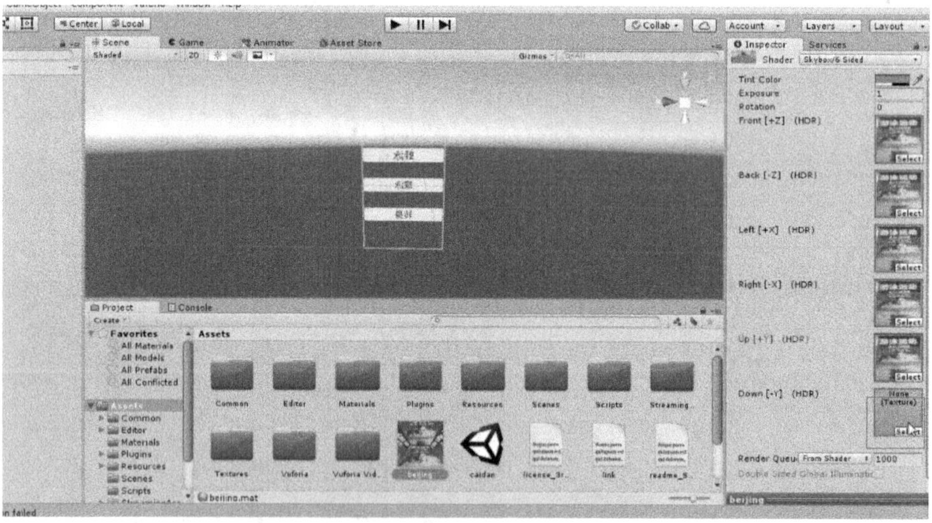

图 4-107　替换 Shader 类型的三维空间图片

对天空盒进行设置，在“Lighting”窗口选择“Scene”选项对“Skybox Material”进行设置，选中刚刚创建的“Material”即可修改天空盒背景，如图 4-108 和图 4-109 所示。

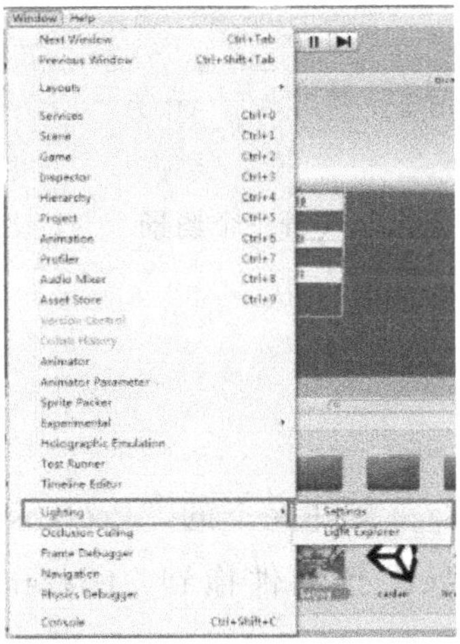

图 4-108　进入 Skybox Material 设置界面

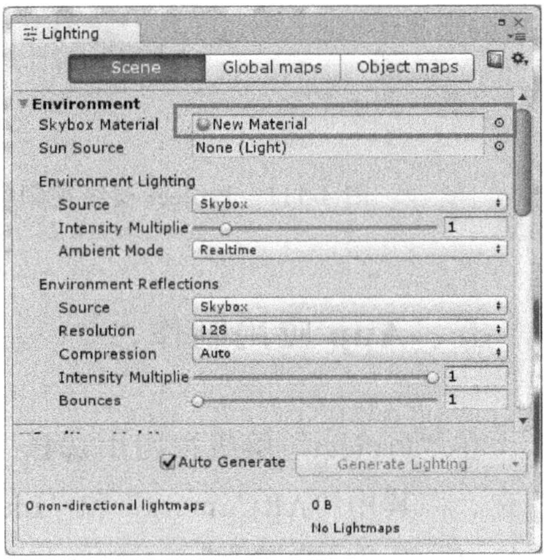

图 4-109　修改天空盒背景

（三）新建场景

对应识别图集中图片创建所需场景，识别图片对场景匹配，如图 4-110 和图 4-111 所示。

图 4-110　新建场景

图 4-111　Project 层级视图中蛙泳、蝶泳、转身三个场景

五、App 应用制作

在“Project”层级视图中选择“Vuforia”文件夹下的“Prefabs”文件夹，将其中“ARCamera”和“ImageTarget”预制件拖到“Hierarchy”面板中，如图 4-112 所示。删除场景中原有的“Main Camera”预制件，识别图片所需的基本的设置步骤与之前的一致，只是把之前的 3D 模型替换为播放视频的预制件“Video”。

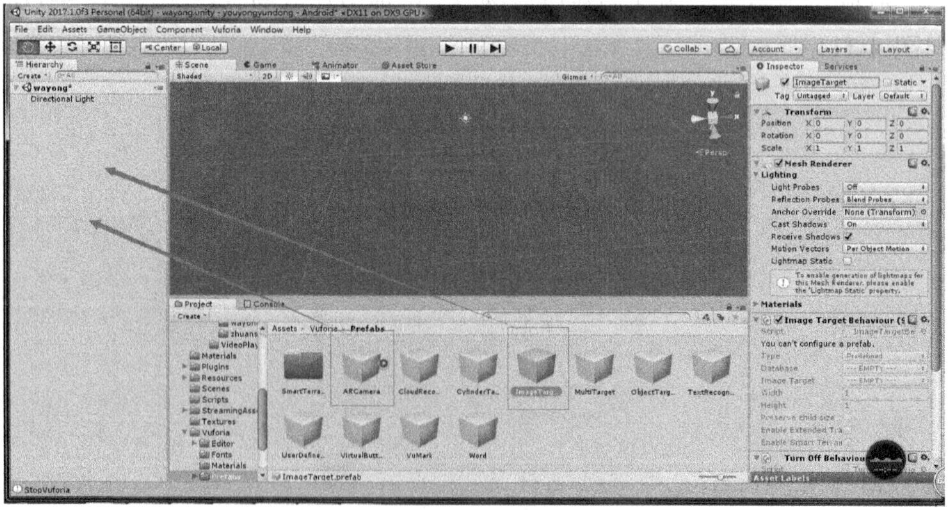

图 4-112　添加预制件

选中预制件“ARCamera”单击“Open”菜单项，给摄像机添加License Key，并选中对应的Datasets，如图4-113、图4-114所示。选中“ImageTarget”预制件，选择之前导入的识别图数据集，设置预制件“ImageTarget”的“Width”、“Height”等参数，如图4-115所示。

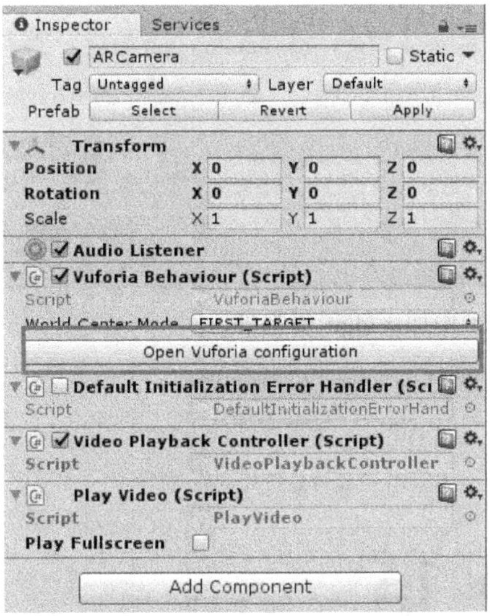

图 4-113　打开 VuforiaConfiguration

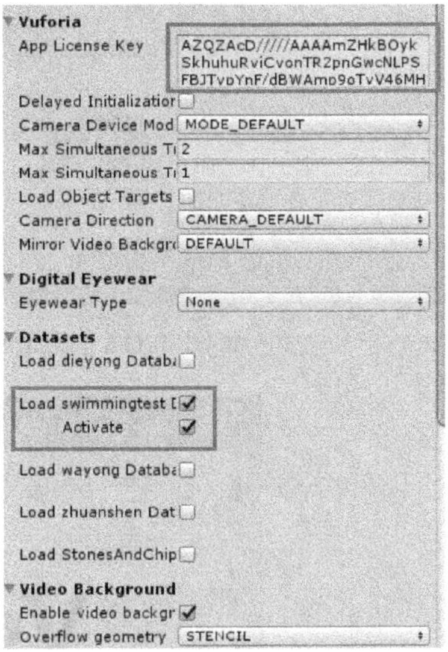

图 4-114　添加 License Key

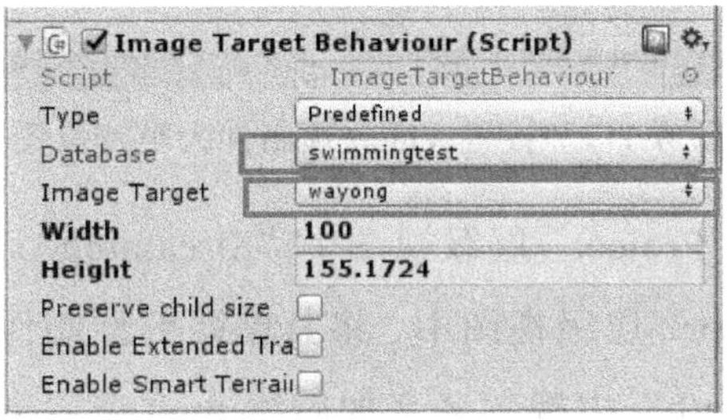

图 4-115　选择数据包

在“Unity Project”层级视图中打开文件夹“Vuforia Video Playback”/“Prefabs”，将预制件“Video”拖到“Hierarchy”层级视图中预制件“ImageTarget”下，并将预制件“Video”和预制件“ImageTarget”的大小和相对位置调整好，如图4-116、图4-117所示。

图 4-116　为 ImageTarget 添加 Video 预制件

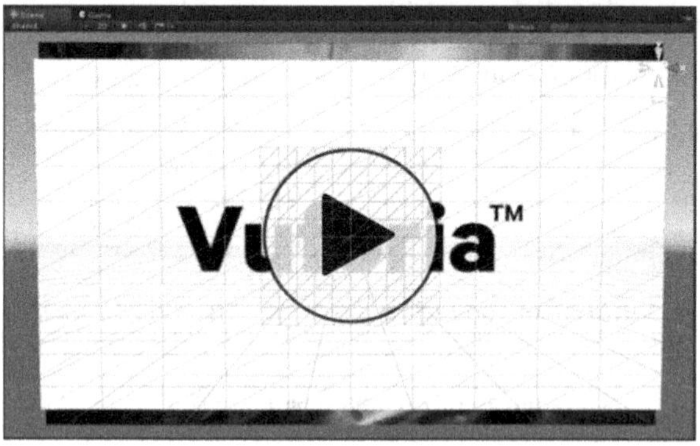

图 4-117　设置 Video 预制件大小及位置

复制之前放入“Project”层级视图中“StreamingAssets”文件夹下的视频名称，在“Inspector”层级视图中，将其粘贴到预制件“Video”的“Path”视频路径中，给“Path”中视频名字加后缀.mp4 或者.m4v，然后设置一下视频播放前的预览图即可，如图 4-118 所示。

完成上述所有操作之后，还需要给预制件“ARCamera”添加两个脚本，并取消预制件“ARCamera”中的“DefaultInitializationErrorHandler”脚本组件的勾选。将脚本“VideoPlay”和“VideoPlaybackController”拖拽到预制件“ARCamera”上，如图 4-119 所示。

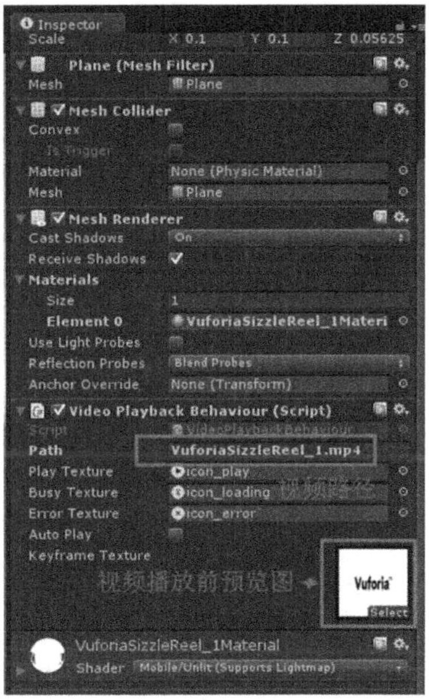

图 4-118　设置视频播放前的预览图

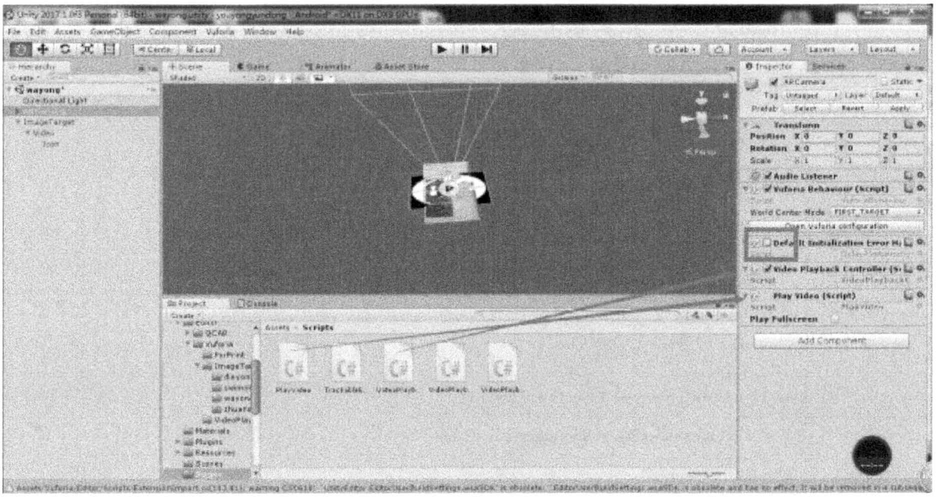

图 4-119　为预制件 ARCamera 添加脚本

VideoPlayback-6-2-10.unitypackage 中带有脚本组件“VideoPlay”，在“Project”层级视图中“Scripts”文件夹下，脚本“VideoPlaybackController”的代码如下：

```
using System.Collections;
using System;

/// <summary>
/// This class contains the logic to handle taps on VideoPlaybackBehaviour game objects
/// and starts playing the according video. It also pauses other videos when a new one is
/// started.
/// </summary>
public class VideoPlaybackController : MonoBehaviour
{
    #region PRIVATE_MEMBER_VARIABLES

    private Vector2 mTouchStartPos;
    private bool mTouchMoved = false;
    private float mTimeElapsed = 0.0f;

    private bool mTapped = false;
    private float mTimeElapsedSinceTap = 0.0f;

    private bool mWentToFullScreen = false;

    #endregion // PRIVATE_MEMBER_VARIABLES



    #region UNITY_MONOBEHAVIOUR_METHODS

    void Update()
    {
        // Determine the number of taps
        // Note: Input.tapCount doesn't work on Android

        if (Input.touchCount > 0)
        {
            Touch touch = Input.touches[0];
            if (touch.phase == TouchPhase.Began)
            {
                mTouchStartPos = touch.position;
                mTouchMoved = false;
                mTimeElapsed = 0.0f;
            }
            else
            {
                mTimeElapsed += Time.deltaTime;
            }

            if (touch.phase == TouchPhase.Moved)
            {
                if (Vector2.Distance(mTouchStartPos, touch.position) > 40)
                {
                    // Touch moved too far
                    mTouchMoved = true;
                }
            }
            else if (touch.phase == TouchPhase.Ended)
            {
                if (!mTouchMoved && mTimeElapsed < 1.0)
                {
                    if (mTapped)
                    {
                        // Second tap
                        HandleDoubleTap();
                        mTapped = false;
                    }
                    else
                    {
                        // Wait to see if this is a double tap
                        mTapped = true;
                        mTimeElapsedSinceTap = 0.0f;
                    }
```

```
                }
            }
        }

        if (mTapped)
        {
            if (mTimeElapsedSinceTap >= 0.5f)
            {
                // Not a double tap
                HandleTap();
                mTapped = false;
            }
            else
            {
                mTimeElapsedSinceTap += Time.deltaTime;
            }
        }

        // special handling in play mode:
        if (QCARRuntimeUtilities.IsPlayMode())
        {
            if (Input.GetMouseButtonUp(0))
            {
                if (PickVideo(Input.mousePosition) != null)
                    Debug.LogWarning("Playing videos is currently not supported in Play Mode.");
            }
        }
    }

    #endregion // UNITY_MONOBEHAVIOUR_METHODS



    #region PRIVATE_METHODS

    /// <summary>
    /// Handle single tap event
    /// </summary>
    private void HandleTap()
    {
        // Find out which video was tapped, if any
        VideoPlaybackBehaviour video = PickVideo(mTouchStartPos);

        if (video != null)
        {
            if (video.VideoPlayer.IsPlayableOnTexture())
            {
                // This video is playable on a texture, toggle playing/paused

                VideoPlayerHelper.MediaState state = video.VideoPlayer.GetStatus();
                if (state == VideoPlayerHelper.MediaState.PAUSED ||
                    state == VideoPlayerHelper.MediaState.READY ||
                    state == VideoPlayerHelper.MediaState.STOPPED)
                {
                    // Pause other videos before playing this one
                    PauseOtherVideos(video);

                    // Play this video on texture where it left off
                    video.VideoPlayer.Play(false, video.VideoPlayer.GetCurrentPosition());
                }
                else if (state == VideoPlayerHelper.MediaState.REACHED_END)
                {
                    // Pause other videos before playing this one
                    PauseOtherVideos(video);

                    // Play this video from the beginning
                    video.VideoPlayer.Play(false, 0);
                }
                else if (state == VideoPlayerHelper.MediaState.PLAYING)
                {
```

```
                {
                    // Video is already playing, pause it
                    video.VideoPlayer.Pause();
                }
            }
            else
            {
                // Display the busy icon
                video.ShowBusyIcon();

                // This video cannot be played on a texture, play it full screen
                video.VideoPlayer.Play(true, 0);
                mWentToFullScreen = true;
            }
        }
    }


    /// <summary>
    /// Handle double tap event
    /// </summary>
    private void HandleDoubleTap()
    {
        // Find out which video was tapped, if any
        VideoPlaybackBehaviour video = PickVideo(mTouchStartPos);

        if (video != null)
        {
            if (video.VideoPlayer.IsPlayableFullscreen())
            {
                // Pause the video if it is currently playing
                video.VideoPlayer.Pause();

                // Seek the video to the beginning();
                video.VideoPlayer.SeekTo(0.0f);

                // Display the busy icon
                video.ShowBusyIcon();

                // Play the video full screen
                video.VideoPlayer.Play(true, 0);
                mWentToFullScreen = true;
            }
        }
    }


    /// <summary>
    /// Find the video object under the screen point
    /// </summary>
    private VideoPlaybackBehaviour PickVideo(Vector3 screenPoint)
    {
        VideoPlaybackBehaviour[] videos = (VideoPlaybackBehaviour[])
            FindObjectsOfType(typeof(VideoPlaybackBehaviour));

        Ray ray = Camera.main.ScreenPointToRay(screenPoint);
        RaycastHit hit = new RaycastHit();

        foreach (VideoPlaybackBehaviour video in videos)
        {
            if (video.GetComponent<Collider>().Raycast(ray, out hit, 10000))
            {
                return video;
            }
        }

        return null;
    }
```

```

    /// <summary>
    /// Pause all videos except this one
    /// </summary>
    private void PauseOtherVideos(VideoPlaybackBehaviour currentVideo)
    {
        VideoPlaybackBehaviour[] videos = (VideoPlaybackBehaviour[])
            FindObjectsOfType(typeof(VideoPlaybackBehaviour));

        foreach (VideoPlaybackBehaviour video in videos)
        {
            if (video != currentVideo)
            {
                if (video.CurrentState == VideoPlayerHelper.MediaState.PLAYING)
                {
                    video.VideoPlayer.Pause();
                }
            }
        }
    }

    #endregion // PRIVATE_METHODS



    #region PUBLIC_METHODS

    /// <summary>
    /// One-time check for the Instructional Screen
    /// </summary>
    public bool CheckWentToFullScreen()
    {
        bool result = mWentToFullScreen;
        mWentToFullScreen = false;
        return result;

    }

    private class QCARRuntimeUtilities
    {
        internal static bool IsPlayMode()
        {
            throw new NotImplementedException();
        }
    }

    #endregion // PUBLIC_METHODS
}
```

完成以上操作后，对各个场景的按钮添加代码。以蛙泳场景按钮为例，将“Button1_Click”的脚本赋予蛙泳按钮，选中蛙泳按钮，在“Inspector”中修改“Target Graphic”选项，如图 4-120 所示。

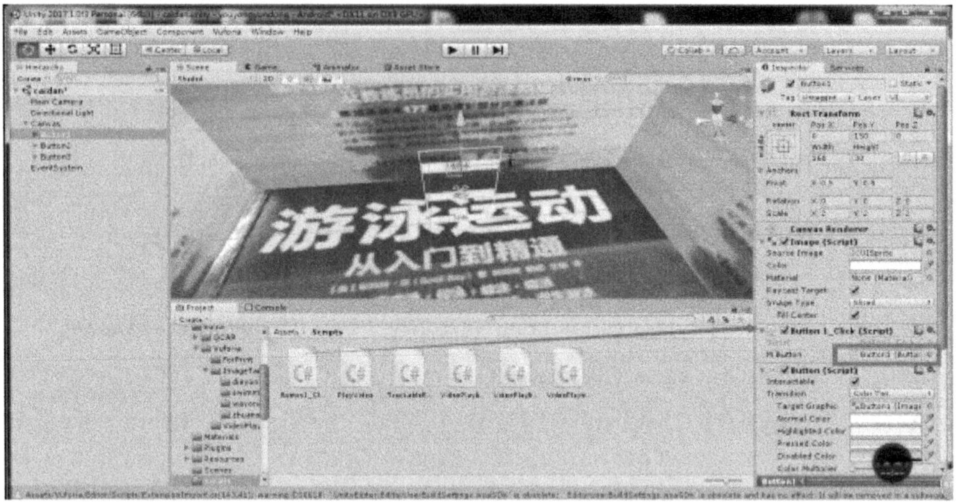

图 4-120　为主场景按钮添加 C#脚本

按钮的脚本代码（Button1_Click）如下：

```
using System.Collections;
using System.Collections.Generic;
using UnityEngine;
using UnityEngine.UI;

public class Button1_Click : MonoBehaviour {

    public  Button mButton;
    // Use this for initialization
    void Start () {
        //获取按钮一
        Button btn = mButton.GetComponent<Button > ();
        //给按钮一绑定监听器，点击时执行TaskOnClick方法
        btn.onClick.AddListener (TaskOnClick);
    }

    void TaskOnClick(){
        //加载场景一，“1”根据scenes In Build所决定
        Application.LoadLevel (1);
    }
}
```

六、导出 Apk 文件

为各个场景进行排序，在“Buid Settings”对话框中，可以将场景拖到“Scenes In Build”中编排顺序，修改其参数，导出安卓 Apk 安装包，

如图 4-121 所示。

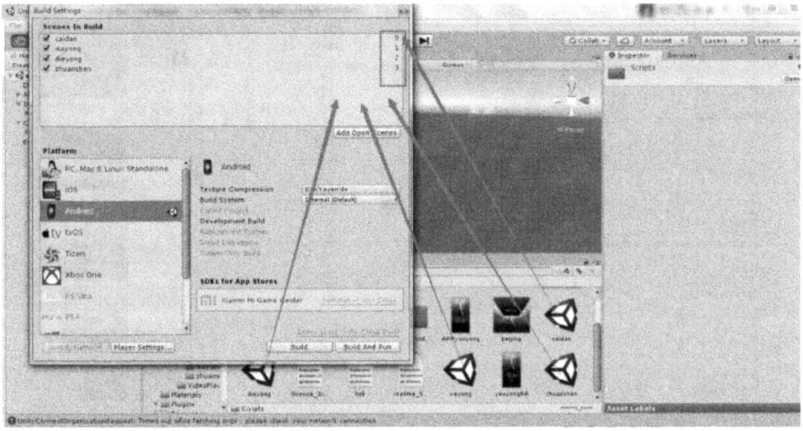

图 4-121　编排场景顺序

“Player Settings”设置修改：“Package Name”，修改原有的“Package Name”为“Company Name”，修改后，使“Package Name”和“Company Name”保持一致，如图 4-122 所示。在“Product Name”中可以修改 App 的名字，如图 4-123 所示。单击“Icon”/“Select”可对 App 的 LOGO 进行修改，如图 4-124 所示。

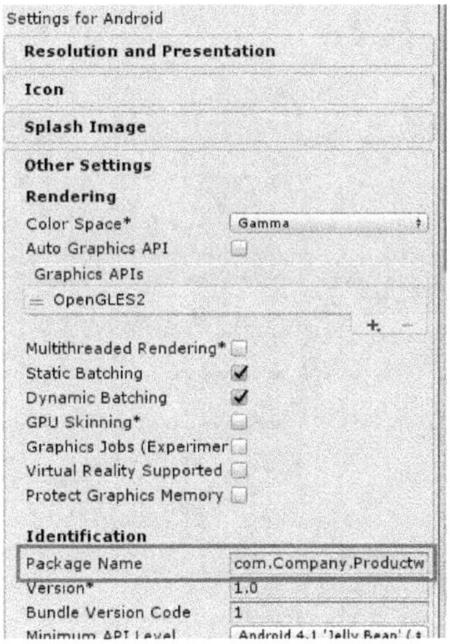

图 4-122　修改 Package Name

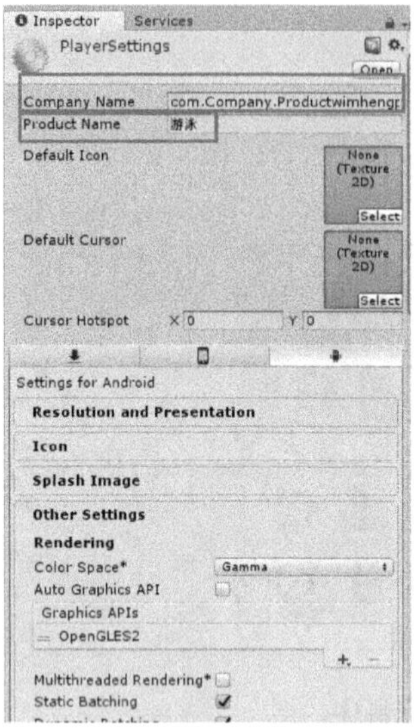

图 4-123　修改 Product Name

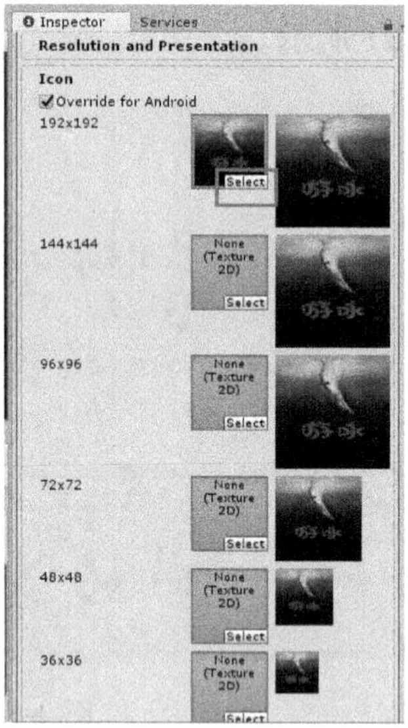

图 4-124　设置 App LOGO

所有参数设置好以后，单击“Build”即可导出“Apk”文件，如图 4-125 所示。

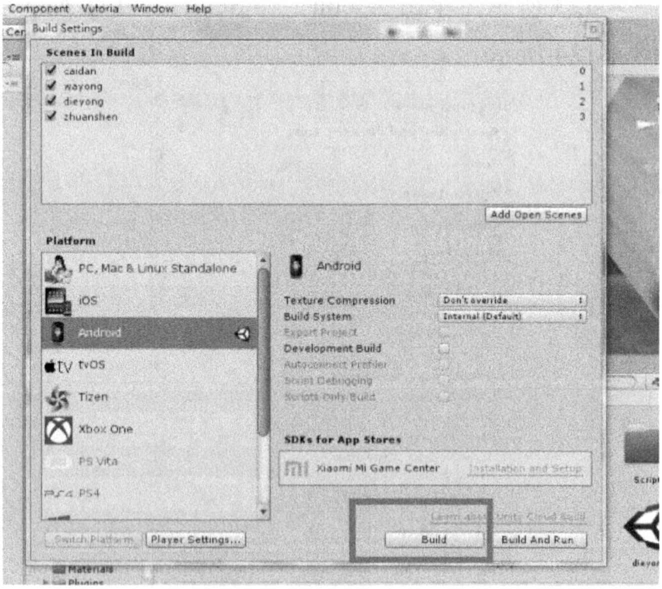

图 4-125　导出 Apk 文件

手机安装“Apk”文件后初始界面如图 4-126 所示，该界面上有蛙泳、蝶泳及转身三个按钮，单击后可分别进入对应视频场景。进入对应场景后，用手机摄像机扫描识别图后出现如图 4-127 所示界面，视频播放组件在手机屏幕中间，其上有播放/暂停视频的图标，单击后可进行视频的播放（图 4-128），外部观看扫描识别播放效果如图 4-129 所示。双击手机屏幕可进入全屏观看模式，屏幕右上角有返回按钮，单击后回到初始场景界面。

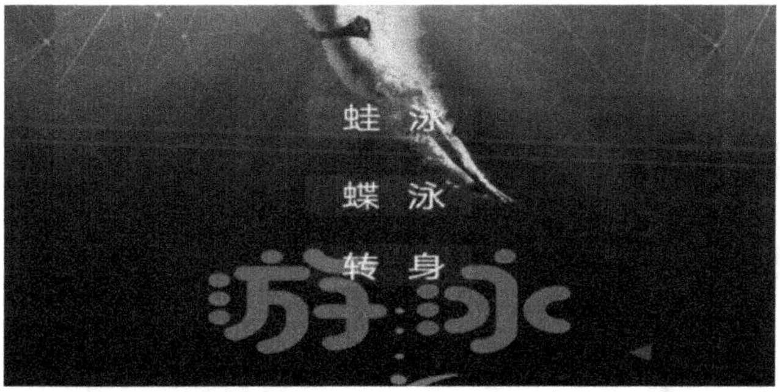

图 4-126　游泳 App 初始界面

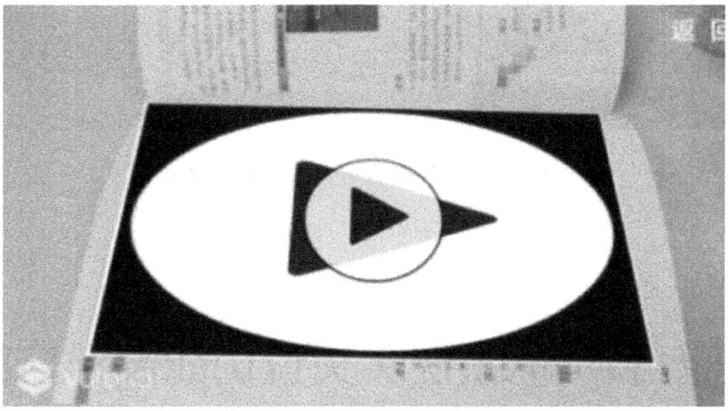

图 4-127　游泳 App 视频识别初始界面

图 4-128　游泳 App 视频识别播放效果

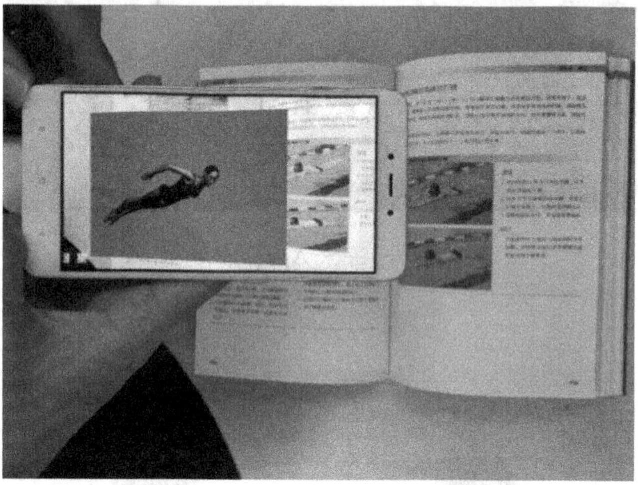

图 4-129　外部观看视频识别播放效果

第五节　增强现实交互功能设计与实现

增强现实技术不仅仅是实现虚拟物体在现实环境中虚实叠加的效果，

还要使人的想法及操作融入设计中，这也是本书设计研究的初衷。增强现实人机交互的方式有多种，本节基于实现增强现实移动端应用的多种交互方式功能。

一、虚拟环境场景交互实现

（一）添加三维天空系统——天空盒

天空盒是一种让场景看上去更广阔无垠的一种视觉技术，用无缝对接的封闭纹理将摄像机的视口 360° 无死角地包起来。较为常见的封闭纹理是天空和地形的结合，也可以根据场景需求设置不同类型的纹理，在第一视角中所有背景均由该封闭纹理填充。典型的天空盒纹理是正六面体，展开后是六张边缘无缝衔接的正方形纹理，内部视角看到的是一个连续的背景，如图 4-130 所示。天空盒纹理除了用正方体拼接，也可以用球面来制作。

图 4-130 正六面体展开纹理

高校游泳课程增强现实移动端的交互设计，同其他增强现实应用设计一样，并不是所有的应用场景都需要虚拟物体与现实场景交互展现，如应用主界面。天空盒子主要用来美化主界面，还可以在主界面添加场景切换按钮等人机交互操作功能，可以形成可视化操作界面，交互设计更加便捷灵活。在 Vuforia 增强现实应用中添加天空盒子，同时需要屏蔽摄像头的画面，图 4-131 为使用天空盒子美化的应用主界面。

图 4-131　系统应用主界面

天空盒子的“Clear Flags”属性是指屏幕上的空白的位置将显示当前相机的天空盒子，默认渲染设置（“Render Settings”）选择天空盒子，渲染设置（“Render Settings”）路径为“Edit”/“Render Settings”菜单项，四种“Clear Flags”属性下的标签如表 4-3 所示。

表 4-3　四种“Clear Flags”属性

属性名	属性内容
Skybox	天空盒
Solid Color	纯色，当前相机的背景色
Depth Only	仅深度
Don’t Clear	不清除颜色或深度缓存

设计中预制件“ARCamera”中“Camera”的“Clear Flags”属性设置

为“Skybox”，为“Camera”添加“Custom Skybox”天空盒子效果，而在“ARCamera”上直接添加，无法实现其效果。

绘制一个游泳练习辅助器械，要让该器械内部环境不被裁剪时，则需要设置一个深度为 0 的相机来绘制环境，和另一个深度为 1 的相机绘制游泳练习辅助器械。游泳练习辅助器械相机的清除标志（“Clear Flags”）应设置为“Depth Only”。

天空盒子作为高校游泳课程增强现实移动端交互设计的一环，具有很重要的作用。首先在应用中可以作为场景主界面背景，以游泳为题材的背景既符合本系统针对高校游泳课程学习的一致性原则，也能让使用者迅速了解本系统应用的目标。其次，天空盒子也可以使用泳池作为封闭纹理，这样当虚拟物体是人物模型做游泳技术动作展示时，可以自然地跟周围泳池纹理环境相贴合，不会显得突兀，对于游泳课程学习具有更强的代入感。游泳课程技术动作视觉效果的提升，会带动学生对游泳课程学习产生兴趣与动力。

（二）虚拟按钮

在利用 Vuforia 实现增强现实效果后，虚拟按钮可以让使用者与虚拟物体交互。虚拟按钮并不存在于真实环境中，是当使用者在现实识别图上进行点击行为时，从而触发增强现实应用中虚拟物体的一些行为，以此达到使用者与虚拟物体进行交互的效果，虚拟按钮具体位置的确定由以下代码来实现：

```
private Vector2 top;
private Vector2 bottom;

#region UNITY_MONOBEHAVIOUR_METHODS

void Start()
{
    // Register with the virtual buttons TrackableBehaviour
    VirtualButtonBehaviour[] vbs = GetComponentsInChildren<VirtualButtonBehaviour>();
    for (int i = 0; i < vbs.Length; ++i)
    {
        vbs.RegisterEventHandler(this);
        vbs.CalculateButtonArea(out top, out bottom);
        Debug.Log(vbs.VirtualButton.Name + "---->" + top.x + ":" + top.y + "----->" + bottom.x + ":" + bottom.y);
    }

    // Get handle to the teapot object
    mTeapot = transform.FindChild("teapot").gameObject;

    // The list of active materials
    mActiveMaterials = new List<Material>();
}
```

在实际设计中，虚拟按钮需要使用预制件“Virtual Button”，以及类“VirtualButtonEventHandler”和接口“IVirtualButtonEventHandler”，其中接口包含两个方法：

public void OnButtonPressed(VirtualButtonAbstractBehaviour vb)

public void OnButtonReleased(VirtualButtonAbstractBehaviour vb)

虚拟按钮跟普通按钮类似，包括点击和释放两个功能，其功能流程方式为：①实现接口，重载接口方法；②查找所有的“VirtualButton Behaviour”组件，将其理解为一个“Button”，注册每个“Button”事件；③根据不同的“Button”名称处理不同的事件。虚拟按钮关键代码如下：

```
public class VirtualButtonEventHandler : MonoBehaviour,
                                         IVirtualButtonEventHandler
{
    #region PUBLIC_MEMBER_VARIABLES

    /// <summary>
    /// The materials that will be set for the teapot model
    /// </summary>
    public Material[] m_TeapotMaterials;

    #endregion // PUBLIC_MEMBER_VARIABLES



    #region PRIVATE_MEMBER_VARIABLES

    private GameObject mTeapot;
    private List<Material> mActiveMaterials;

    #endregion // PRIVATE_MEMBER_VARIABLES



    #region UNITY_MONOBEHAVIOUR_METHODS

    void Start()
    {
        // Register with the virtual buttons TrackableBehaviour
        VirtualButtonBehaviour[] vbs = GetComponentsInChildren<VirtualButtonBehaviour>();
        for (int i = 0; i < vbs.Length; ++i)
        {
            vbs.RegisterEventHandler(this);
        }

        // Get handle to the teapot object
        mTeapot = transform.FindChild("teapot").gameObject;

        // The list of active materials
        mActiveMaterials = new List<Material>();
    }
```

```
    #endregion // UNITY_MONOBEHAVIOUR_METHODS



    #region PUBLIC_METHODS

    /// <summary>
    /// Called when the virtual button has just been pressed:
    /// </summary>
    public void OnButtonPressed(VirtualButtonAbstractBehaviour vb)
    {
        Debug.Log("OnButtonPressed::" + vb.VirtualButtonName);

        if (!IsValid())
        {
            return;
        }

        // Add the material corresponding to this virtual button
        // to the active material list:
        switch (vb.VirtualButtonName)
        {
            case "red":
                mActiveMaterials.Add(m_TeapotMaterials[0]);
                break;

            case "blue":
                mActiveMaterials.Add(m_TeapotMaterials[1]);
                break;

            case "yellow":
                mActiveMaterials.Add(m_TeapotMaterials[2]);
                break;

            case "green":
                mActiveMaterials.Add(m_TeapotMaterials[3]);
                break;
        }

        // Apply the new material:
        if (mActiveMaterials.Count > 0)
            mTeapot.GetComponent<Renderer>().material = mActiveMaterials[mActiveMaterials.Count - 1];
    }


    /// <summary>
    /// Called when the virtual button has just been released:
    /// </summary>
    public void OnButtonReleased(VirtualButtonAbstractBehaviour vb)
    {
        if (!IsValid())
        {
            return;
        }

        // Remove the material corresponding to this virtual button
        // from the active material list:
        switch (vb.VirtualButtonName)
        {
```

```
                case "red":
                    mActiveMaterials.Remove(m_TeapotMaterials[0]);
                    break;

                case "blue":
                    mActiveMaterials.Remove(m_TeapotMaterials[1]);
                    break;

                case "yellow":
                    mActiveMaterials.Remove(m_TeapotMaterials[2]);
                    break;

                case "green":
                    mActiveMaterials.Remove(m_TeapotMaterials[3]);
                    break;
            }

            // Apply the next active material, or apply the default material:
            if (mActiveMaterials.Count > 0)
                mTeapot.GetComponent<Renderer>().material = mActiveMaterials[mActiveMaterials.Count - 1];
            else
                mTeapot.GetComponent<Renderer>().material = m_TeapotMaterials[4];
        }


        private bool IsValid()
        {
            // Check the materials and teapot have been set:
            return m_TeapotMaterials != null &&
                    m_TeapotMaterials.Length == 5 &&
                    mTeapot != null;
        }

        #endregion // PUBLIC_METHODS
}
```

实现以上功能之前，需要在场景中配置虚拟按钮。预设“VirtualButton”组件作为子对象放置于对应的“ImageTarget”下，在“Scene”面板中手动设置其位置和大小。设置虚拟按钮行为，主要是添加“VirtualButton Behaviour”组件，该组件具备“Name”和“Sensitivity”两个属性。属性“Name”对应脚本中事件触发的判断，敏感度设置有三个选项，分别是低、中、高，越高越容易被识别。

另外虚拟按钮可以像普通按钮一样，设置长按、短按，或者双击一类的操作。现以判断虚拟按钮长按和短按为例，实现原理主要是通过判断触发持续的时间长短，主要代码如下：

```
using UnityEngine;
using System.Collections;
using Vuforia;

public class MyButtonControl : MonoBehaviour, IVirtualButtonEventHandler
{
```

```
    public GameObject bowling;
    private GameObject clone;

    private float intervalTime = 0;
    private bool isPressed = false;

    // 判断是长按还是短按
    private bool isShortPress = false;
    private bool isLongPress = false;

    // Use this for initialization
    void Start()
    {
        VirtualButtonBehaviour[] vbs = GetComponentsInChildren<VirtualButtonBehaviour>();
        for (int i = 0; i < vbs.Length; i++)
        {
            vbs[i].RegisterEventHandler(this);
        }
    }

    // Update is called once per frame
    void Update()
    {
        Debug.Log("---->" + gameObject.transform.rotation);
        if (isPressed)
        {
            intervalTime += Time.deltaTime;
        }
    }

    // 检测长按和短按
    public void OnButtonPressed(VirtualButtonAbstractBehaviour vb)
    {
        switch (vb.VirtualButtonName)
        {
            case "fire":
                Debug.Log("----------> Fire");
                //bowling.transform.rigidbody.AddForce (Vector3.forward*20000);
                //clone = (GameObject)Instantiate(bowling, bowling.transform.position, gameObject.transform.rotation);
                //clone.transform.rigidbody.AddForce (-Vector3.forward*20000);
                //clone.transform.rigidbody.velocity = new Vector3(0,0,10);
                bowling.transform.rigidbody.velocity = new Vector3(0, 0, 1000);
                isPressed = true;
                intervalTime = 0;
                break;
            default:
                break;
        }
    }

    public void OnButtonReleased(VirtualButtonAbstractBehaviour vb)
    {
        isPressed = false;
        if (intervalTime <= 1)
        {
            Debug.Log("-----> short Pressed!" + intervalTime);
        }
        else
        {
            Debug.Log("-----> long Pressed!" + intervalTime);
        }
    }
}
```

识别图的识别基于每个标志的特征点分布情况，识别有所不同，特征点数量相对多的，信息量比较大，对于提高识别准确率有很大帮助。为了更好地设计虚拟按钮，必须掌握虚拟按钮判断原理，对于高校游泳课程增强现实移动端交互设计来说，识别图选自高校游泳课程教材，教材内的图表携带的自然特征点居多，所以虚拟按钮位置的设定多选在特定的图表之上。另外为了保证识别图不丢失，虚拟按钮所占据的位置不宜过大，且数量不宜过多，本交互设计应基于以上虚拟按钮设计原则实现。

在高校游泳课程增强现实移动端交互设计中，虚拟按钮的作用主要是虚拟模型的切换。当两个人物模型作为虚拟物体识别出现时，需要人物模型 A 展示蛙泳技术动作，而人物模型 B 展示蝶泳技术动作，这时可通过点击不同的虚拟按钮来切换不同人物模型来观看不同的游泳技术动作；设置虚拟按钮的长按与短按操作，用以触发人物模型不同的行为，达到交互设计的目的；设置虚拟按钮的双击操作，用于控制人物模型技术动作展示的暂停与继续。虚拟按钮效果如图 4-132 虚拟按钮 A 触发蝶泳模型出现、图 4-133 虚拟按钮 B 切换到转身动作模型。

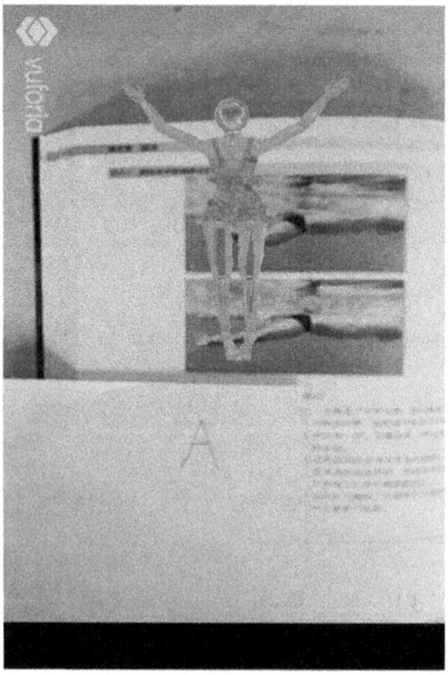

图 4-132　虚拟按钮 A 蝶泳模型

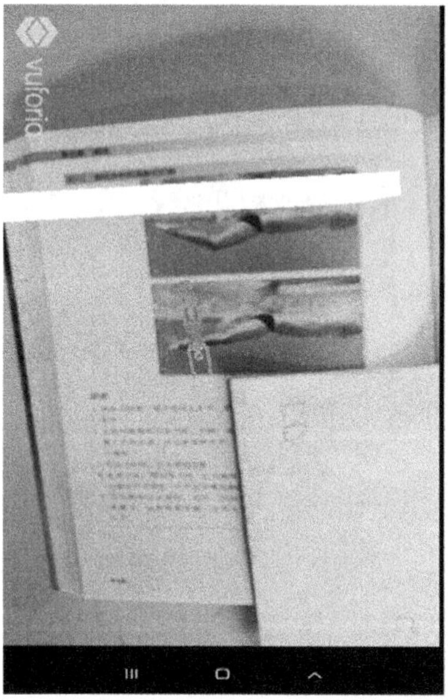

图 4-133　虚拟按钮 B 转身动作

总之，虚拟按钮作为高校游泳课程增强现实移动端交互设计中的重要交互功能，具有交互操作性强与趣味性高的优点，能让使用者针对游泳课程更容易进入学习状态，也更容易带动学生学习游泳技能的积极性。相比查看纸质教材学习游泳运动技能，增强现实交互设计的运用，能更好地传授游泳课程的理论知识与技能技巧。虚拟按钮设计能充分发挥高校游泳课程增强现实交互设计中使用者与虚拟物体的交互功能，进而为增强现实技术作为新兴技术更好地融入体育教学奠定基础。

（三）模型脱卡

识别图丢失后仍需要虚拟物体能够保留在场景之中，或者是停留在一个特定的位置，使用者能对其进行后续交互操作，这就是增强现实的模型脱卡功能。模型脱卡功能就像是钥匙开锁之后收起钥匙，却不影响锁已经被打开的事实。模型脱卡的交互设计是增强现实移动端应用中很重要的一个交互功能，高校游泳课程增强现实移动端交互设计也要遵循便捷性的原则，高校游泳课程教材在学生学习查看时可以随意移动，移动端应用交互设计中模型脱卡功能必不可少，表示移动端无须固定在特定位置与识别目标一起移动，也不会失去增强现实的效果与功能。因此，模型脱卡交互设计是保证本系统移动端交互环节实现的重要功能设计。

模型脱卡功能可以通过自带的组件“ExtendedTracking”来实现，该功能在丢失识别图时虚拟模型没有消失，且位置不改变，这样也就能够近距离观察模型，即使识别图丢失也没关系。使用“ExtendedTracKing”组件，在预制件“ImageTarget”下的“ImageTargetBehaviour”组件下选择“Enable Extended Tracking”选项即可。

还有一种模型脱卡功能设计实现的方式，是在识别图丢失后，将虚拟模型固定在摄像机前面的一个位置，另外还可以对虚拟模型做一些操作设计，如单击旋转等。

该模型脱卡功能设计实现的原理，是在识别图丢失后，将虚拟模型从预制件“ImageTarget”的子对象转为预制件“ARCamera”的子对象，在摄像机识别到识别图后再将虚拟模型的父对象变成预制件“ImageTarget”。设计实现过程是设置预制件“ARCamera”和预制件“ImageTarget”，使其位于能够显示虚拟模型的合适位置，将预制件“ImageTarget”自带的“DefaultTrackableEventHandler”组件移除，并复制成一个新的脚本添加到预制件“ImageTarget”下，替代原本的“DefaultTrackableEventHandler”组件。其中 void OnTrackingFound() 和 void OnTrackingLost()分别是在识别出识别图时调用的函数和在丢失识别图时调用的函数。

核心函数：

OnTrackingLost() 在识别图丢失后的执行函数（执行一次）；

OnTrackingFound() 在识别图找到后执行的函数（执行一次）。

由于需要获得虚拟模型的初始位置和结束位置，并判断是否是第一次识别出来虚拟模型，需要添加以下代码：

```
#region PUBLIC_MEMBER_VARIABLES

    public GameObject Robot;    //虚拟物体

    public GameObject AimObject; // 脱卡之后的模型位置的空物体

    #endregion

#region PRIVATE_MEMBER_VARIABLES

    private TrackableBehaviour mTrackableBehaviour;

    private bool hasFirstLoad = false; //是否是第一次识别到物体

    #endregion // PRIVATE_MEMBER_VARIABLES

void Update()

    {

        //Update中执行一些逻辑

    }
```

应用启动以后首先会调用 OnTrackingLost()函数，此时虚拟物体未曾识别显示，把函数 OnTrackingLost()代码修改如下：

```
private void OnTrackingLost()

{
    if (!hasFirstLoad)
    {
        Renderer[] rendererComponents = GetComponentsInChildren<Renderer>(true);

        Collider[] colliderComponents = GetComponentsInChildren<Collider>(true);

        // Disable rendering:

        foreach (Renderer component in rendererComponents)
        {
            component.enabled = false;
        }

        // Disable colliders:

        foreach (Collider component in colliderComponents)
        {
            component.enabled = false;
        }

        Debug.Log("Trackable " + mTrackableBehaviour.TrackableName + " lost");
    }

    else

    {
        //在第一次渲染出图形以后的操作

        AimPos = AimObject.transform.position;  //脱卡后的位置

        robotTransform.SetParent(AimObject.transform);  //设置父物体AimObject

        robotTransform.localEulerAngles = new Vector3(0, 180, 0);

    }

}
```

摄像机找到识别图后即是第一次识别到时，将函数 OnTracking Found()代码修改如下：

```
private void OnTrackingFound()

{
    Renderer[] rendererComponents = GetComponentsInChildren<Renderer>(true);

    Collider[] colliderComponents = GetComponentsInChildren<Collider>(true);

    //将虚拟物体的父物体设为ImgTarget 并调整

    robotTransform.SetParent(transform);

```

```
        robotTransform.localEulerAngles = new Vector3(0, 180, 0);

        robotTransform.transform.position = this.transform.position;

        // Enable rendering:

        foreach (Renderer component in rendererComponents)

        {
            component.enabled = true;
        }

        // Enable colliders:

        foreach (Collider component in colliderComponents)

        {

            component.enabled = true;

        }

        Debug.Log("Trackable " + mTrackableBehaviour.TrackableName + " found");

        hasFirstLoad = true;    //第一次找到了 渲染出来

    }
```

运用高校游泳课程增强现实交互设计的移动端应用，实现模型脱卡后虚拟模型固定其位置，此时使用者可以继续观看学习虚拟模型的技术展示，或者听取对应音频的详细介绍。即使使用者调整移动端位置，也不会丢失增强现实效果，游泳视频实现模型脱卡效果如图 4-134 所示。模型脱卡的作用贯彻了交互设计的便捷性原则，也提高了增强现实技术运用在体育运动教学中的适用性，为增强现实交互设计应用在高校游泳课程教学中提供可靠的交互操作设计。

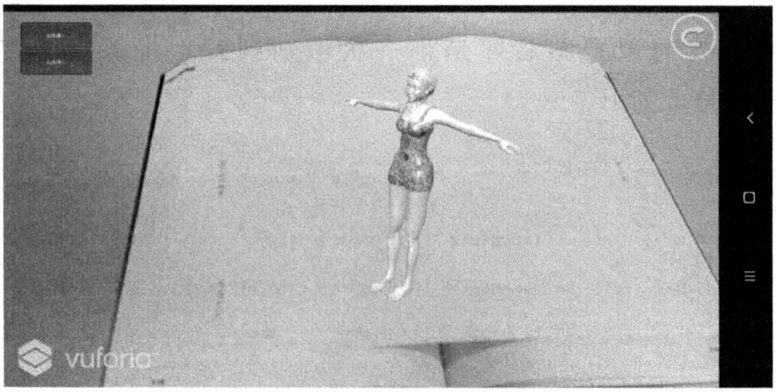

图 4-134　游泳视频实现模型脱卡效果

二、虚拟物体交互实现

（一）虚拟物体控制

在移动终端上对虚拟物体的交互控制，需要结合触屏来操作。旋转、平移和缩放是三种基本交互操作，其原理主要涉及虚拟物体和摄像机的投影矩阵。因此，一个虚拟物体的旋转、平移和缩放主要受这两个因素投影矩阵对应关系影响。改变其中一个，都会使虚拟物体在移动端界面的视觉效果发生变化。

在 Unity 3D 平台的普通场景中，可以改变以上两者，且改变摄像机位置的方法较为常用，但是对于增强现实场景，由于预制件“ARCamera”不能移动，所以只能通过改变虚拟物体本身的坐标系来达到对虚拟物体的交互控制。

对虚拟物体进行旋转、平移和缩放的交互设计，主要是给预制件添加相应的 C#代码文件，首先将 Lean Touch C#脚本添加给预制件，Lean Touch 是一个输入库，可以在所有设备和分辨率下轻松处理触屏手势操作，其代码详见附录；然后分别将 LeanTranslateSmooth C#脚本、LeanRotate C#脚本、LeanScale C#脚本依次添加给预制件，这三者分别对应控制虚拟物体的移动、平移和缩放操作，代码详见附录。

旋转、平移和缩放是移动端触屏交互操作的基本控制方式，也是作为高校游泳课程增强现实交互设计中一项必不可少的交互功能设计。当识别出现展示游泳技术动作的虚拟模型，或者识别出现游泳运动练习辅助器械的虚拟模型时，通过触屏操作旋转虚拟模型，能够全方位地观看虚拟模型游泳技术演示及游泳运动练习辅助器械的特征，借此分析体会游泳技术的要领及游泳运动练习辅助器械的使用特性，以此达到更好的游泳课程学习效果；也可以通过触屏操作平移虚拟模型，使虚拟模型位于便于观看的移动端屏幕位置，或者使其位于与现实环境融合较为紧密的位置，以求得到更好的虚实叠加的效果；而对虚拟模型进行缩放交互操作，能让使用者对虚拟模型的整体状态有一个把握，对局部细节有一个较为清楚的认知。只有旋转、平移和缩放三者结合在一起对虚拟物体进行交互操作控制，才能使高校游泳课程增强现实交互设计发挥充分的交互效果。

旋转、平移和缩放作为移动端交互操作设计，具有通用性较强的特点。旋转、平移和缩放功能应用在高校游泳课程增强现实交互设计中，使得高校游泳课程增强现实交互设计在增强现实技术的应用中更具灵活性，也使得增强现实交互技术在体育运动课程教学中得到更好的应用。

另外还有一种旋转交互操作设计，可实现触屏原地旋转虚拟物体的功能。将预制件“Image”设置为透明属性，指定旋转的虚拟物体，实现代码如下：

```
using UnityEngine;
using System.Collections;
using UnityEngine.EventSystems;

public class RotateObject : MonoBehaviour, IDragHandler
{


    public Transform target;
    private float speed = 0.3f;


    public void OnDrag(PointerEventData eventData)
    {
        Vector3 Vec3rote = new Vector3(eventData.delta.y, -eventData.delta.x);
        target.Rotate(Vec3rote * speed, Space.World);

        //自身轴旋转

        //Vector3 Vec3rote = new Vector3(0, -eventData.delta.x);
        //target.Rotate(Vec3rote * speed, Space.Self);
    }
}
```

（二）音频播放控制

音频作为一种多媒体形式，早已应用于各种教学活动中，将音频文件放在增强现实效果环境下播放，可起到画龙点睛的作用。在高校游泳课程增强现实移动端交互设计中，音频文件的操作控制主要是通过摄像机扫描识别图显示虚拟模型的同时触发播放对应音频文件，移走识别图暂停播放，再扫描识别图时从上次暂停的地方继续播放音频文件来实现。控制播放的音频文件内容可介绍高校游泳课程基础理论知识，也可以结合虚拟模型或者视频文件介绍游泳运动相关技术动作，又或者讲解游泳场地、水域划分等基本知识。

在音频控制设置控制由“Audio Sourse”组件实现，声音文件存放在“Audio Clip”属性中，控制需要“Spatial Blend”属性设置为2D，属性3D会造成由于摄像机与识别图存在空间距离的因素而听不到声音。“Audio Source”的属性如表4-4。

表4-4 “Audio Source”属性

属性名	属性内容
AudioClip	声音片段
Mute	是否静音
Bypass Effects	是否打开音频特效
Play On Awake	开机自动启动
Loop	循环播放
Volume	声音大小，取值范围0.0～1.0
Pitch	播放速度

在DefaultTrackableEventHandler C#脚本中添加一个变量publicAudio Source audio，在DefaultTrackableEventHandler C#脚本中的Found和Lost函数中添加播放和暂停函数，代码分别如下所示：

```
//播放代码
if(!audio.isPlaying)
{
    audio.Play();
}
```

```
//暂停代码
if(audio.isPlaying)
{
    audio.Pause();
}
```

在DefaultTrackableEventHandler C#脚本下可以看一个“Audio”的属性，点击后面的圆圈，选择“Audio Source”即可，“Audio Source”组件修改为播放模式。

除了以上控制音频文件播放的交互设计方式，还可以利用按钮功能来控制播放音效。设计实现方法是在扫描识别图控制音频文件的基础上进行的，界面按钮“Button”触发点击事件，控制“Audio Source”组件，移动端界面运行效果如图 4-135 所示，点击右上方“声音”按钮即可播放相应音频文件。

图 4-135　按钮控制音频界面视图

在高校游泳课程增强现实移动端交互设计中，按钮控制音频文件播放的交互设计方式，相比较扫描识别图直接控制音频文件播放的交互设计方式控制性更强，使用者主动控制音效的权限更大，体现了高校游泳课程增强现实交互设计中以人为中心的设计原则。按钮控制音频文件播放的交互设计方式让使用者有更高的自主选择性，更大程度上符合众多使用者的个人习惯。在高校游泳课程增强现实交互设计中，音频文件的应用可以让使用者不但从视觉上接受高校游泳课程理论知识及技能技术要领，也能从听觉上获得相关知识，拓宽了对高校游泳课程学习的感知渠道。

（三）视频播放控制

增强现实视频即摄像机扫描识别图并播放与识别图像对应的视频文件。在高校游泳课程增强现实移动端交互设计中以蝶泳、蛙泳和转身技术动作为例，实现过程采用 Unity 3D 支持的.mp4 文件格式，将游泳教学视频放入“StreamingAssets”文件夹下，设置预制件“Video”，并将预制件“Video”和预制件“ImageTarget”的大小和相对位置调整好。在前面的章节也介绍了与之相似的操作，复制之前放入“StreamingAssets”文件夹下的视频文件名称，在“Inspector”层级视图中，将其粘贴到预制件“Video”的“Path”视频路径中，在“Path”中视频名字加后缀.mp4 或者.m4v，然后设置一下视频播放前的预览图即可。

在视频播放控制设计中，添加视频播放控制功能的操作 C#脚本 VideoPlay 和 VideoPlaybackController，取消 DefaultInitializationErrorHandler C#脚本对预制件“ARCamera”控制，以上脚本代码见附录。

在高校游泳课程增强现实移动端交互设计中控制视频文件播放时，除了实现必要功能之外，还需要做到真实和美观。当视频预制件“Video”与预制件“Target”尺寸不匹配时，播放的视频将会与预制件“Target”不贴合，影响用户体验。虽然在“Inspector”层级视图中修改“Video”的“scale”，对尺寸控制有效果，但是编译之后在移动端上运行没有效果。所以这种方式并不能解决根本问题。因为在 VideoPlaybackBehaviour.cs 这个 C#脚本中，会判断当前的状态，状态设置如下：

```
public enum MediaState
{
    REACHED_END,
    PAUSED,
    STOPPED,
    PLAYING,
    READY,
    NOT_READY,
    ERROR,
    PLAYING_FULLSCREEN // iOS-only
}
```

在 OnRenderObject()这个方法中，会判断状态，状态为“REACHED_END，PAUSED，STOPPED，PLAYING，READY”之一，就会设置“Video”的尺寸。

```
else if (state<VideoPlayerHelper.MediaState.NOT_READY)
```

正常运行时，控制尺寸、调整尺寸均在此处进行。

```
// 修改Video的尺寸
transform.localScale = new Vector3(-0.1f*0.8f, 0.1f, 0.1f * aspect);
```

此种增强现实视频只能在移动端上播放，电脑端上即使识别出来也会提示无法播放。有时候会出现无法对焦的情况，可以在任意 C#脚本的 Start 方法中添加以下代码即可：

```
Vuforia.CameraDevice.Instance.SetFocusMode(Vuforia.CameraDevice.FocusMode.FOCUS_MODE_CONTINUOUSAUTO);
```

在高校游泳课程增强现实交互设计中，对视频播放的交互控制，不仅是视频的播放与暂停，还可以对视频进行双击全屏播放，以及拖动进度条来调整视频播放进度。视频作为视觉感知传达信息的重要方式，可以将高校游泳课程中枯燥无聊的文字表述更直接、形象地展示出来，既能有效地传达游泳知识，又能提高学生学习游泳运动的效率。

（三）其他交互设计

1. 增强现实场景与普通场景的切换

在制作增强现实应用的工程中一般需要很多场景互相切换，其中既会制作使用增强现实技术的场景，也需要不使用增强现实技术的普通场景，这就需要在增强现实场景与普通场景之间进行切换，“Vuforia Augmented Realit”选项可使 Unity 3D 的工作模式转变成基于 Vuforia 框架的增强现实模式，所有的场景在被调用时都会默认使用预制件“ARCamera”而非“Main Camera”。

另一种解决增强现实场景与普通场景切换的方法是在“Main Camera”上添加“Vuforia Behavior”组件，不选用其功能，即为普通场景，而非增强现实场景。

2. 移动端摄像机的切换

移动端摄像机切换的 test C#脚本中运用的是“GUI”组件，创建 GUI Skin 用于修改按钮的参数如字体样式、字体颜色等。设置完成后移动应用的界面上会出现如图 4-136 所示左上角的按钮，点击按钮会切换使用移动端前置摄像机与后置摄像机，图 4-137 为增强现实应用后置摄像机扫描识别图后界面效果。test C#脚本代码如下：

```
using UnityEngine;
using System.Collections;

namespace Vuforia
{
    public class tes : MonoBehaviour
    {
        void Start()
        {

        }
        void Update()
        {

        }
        void OnGUI()
        {
            //判断
            if (GUI.Button(new Rect(50, 50, 200, 70), "前摄像头"))
            {

                CameraDevice.Instance.Stop();
                CameraDevice.Instance.Deinit();
                CameraDevice.Instance.Init(CameraDevice.CameraDirection.CAMERA_FRONT);
                CameraDevice.Instance.Start();

            }

            //判断
            if (GUI.Button(new Rect(50,125, 200, 70), "后摄像头"))
            {


                CameraDevice.Instance.Stop();
                CameraDevice.Instance.Deinit();
                CameraDevice.Instance.Init(CameraDevice.CameraDirection.CAMERA_BACK);
                CameraDevice.Instance.Start();

            }
        }
    }
}

```

图 4-136　摄像机扫描识别界面视图

图 4-137　后置摄像机扫描识别界面视图

第六节　展　　望

高校虚拟现实游泳课程教学系统实现了新兴信息技术与体育课程教学的融合，为体育技术类课程教学提供更多的信息技术应用手段支持，打破体育技术课程教学时间、空间、天气的限制，为学生营造一种崭新的学习环境，培养学生的学习兴趣，提高学生掌握技术的能力，达到直观体现教学的目的。针对游泳课程可以构建虚拟三维学习环境，改变现有的游泳教学模式，营造虚拟和现实融合的教学环境，达到超越现实的感官体验，增加教学的趣味性和实用性。

高校虚拟现实游泳课程教学系统虚拟现实及增强现实教学环境能虚实融合地展现出游泳课程的各个教学环节，尤其是对游泳课程技术的展示和环境的模拟，学习者在高校游泳教学系统中可以使用 Kinect 体感设备达到逼真的人机交互体验，也可以使用虚拟现实设备在虚拟世界体验身临其境的效果，还可以在具有增强现实效果的课本中获得学习的真正乐趣。

未来的体育教学中必定会出现以上几种虚拟课程教学方式，其影响如下。

一、虚拟现实沉浸课堂取代传统课堂

沉浸式学习源于 3D 仿真模拟，未来将会应用于课堂教学。随着沉浸式虚拟现实技术的发展，借助视听设备，学习者能在构建的虚拟学习环境中达到接近真实学习的效果。教学领域应用沉浸式虚拟现实技术，既能使学生获得“漫步星空”的奇幻学习体验，也能获取“畅游深海”的学习乐趣。我国是将虚拟现实技术最早投入课堂教学的国家之一。医学、航天等高精技术教学早已与沉浸式虚拟现实技术相融合，形成完整的应用体系。而在体育领域中，竞技运动的教学不同于其他学科，沉浸式虚拟现实技术的应用模式也不同于其他学科。运动训练学是一门汇集了医学、物理学、心理学、管理学等多个学科的综合学科，无论是训练还是教学的内容、方法和手段，都必须遵循竞技能力影响因素——体能、技能、战术能力、心理能力和智力能力。在体育领域应用沉浸式虚拟现实技术教学，训练与教学必定以竞技能力影响因素为核心，集终端、应用系统、操作平台于一体，构建接近真实的学习环境，为学习者创设能够主动接受并能全神贯注的一对一教学模式，如图 4-138 所示。

图 4-138 沉浸式教学模式

目前，虚拟现实技术中虚拟环境构建的不单单是简单的3D仿真或是模拟的实景，而是“虚拟实景”“3D实景”“360度”和“720度”等全景环境的创建。体育教学虚拟环境的特殊性决定了其虚拟环境构建的特殊性，不同的运动项目需要不同的运动虚拟场景以及效果。体育教学虚拟现实沉浸课程需要根据运动项目的特点不断完善沉浸式课堂教学形式，并融入增强现实、混合现实技术，将使课堂教学形式更加丰富多彩。

二、教材体系的应用——增强现实教材

虚拟现实技术承载的所有事物都是虚拟的，增强现实技术则可以将虚拟事物与现实事物叠加在一起。伴随着增强现实技术的发展，各类增强现实读物和载体不断出现，使“书本”这一载体增加了新的内容，而空气阅读也将不再遥远。通过增强现实技术将3D、Video等各种多媒体形式呈现在各种介质上——书本、图片及移动终端，传统的阅读形式将发生翻天覆地的变化，原本固定不动的文字与图片会变“活”，更加生动地展示其内容。

传统大学教材中，技术动作的描述通常采用文字与图片，然而无论采用多么生动的图片也无法展示出全方位技术动作，仅局限于以分解动作的形式呈现。借助增强现实技术，可使用2D动画视频和3D动画视频等多媒体形式展现完整技术动作，将原本枯燥、难以理解的理论知识点及平面图片转变为智能、立体化的教学场景，使技术要点的展现更加生动与直观，有利于激发学生的学习热情与主动性，帮助其获得有效记忆与理解重难点，提高教学效率与质量。体育专项增强现实教材由手机等摄像终端设备与平面教材构成，承载内容为视频及2D、3D教学内容，如图4-139所示。

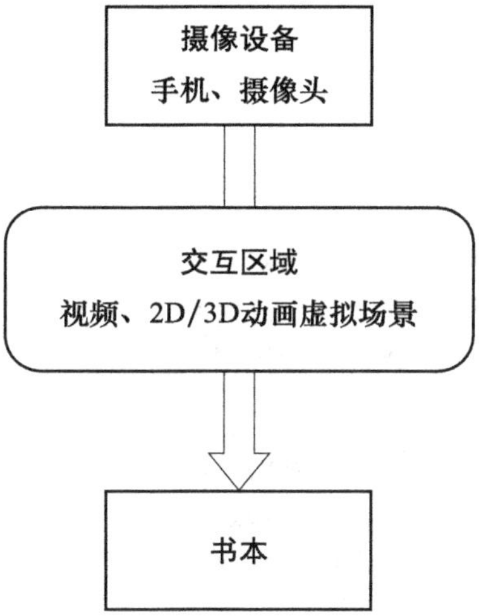

图 4-139 体育专项增强虚拟现实教材构成模型

三、课堂形式的变更

在信息技术越来越发达的时代，传统体育课堂的学习模式已经无法满足体育教学的需求，尤其是增强现实、虚拟现实及混合现实等虚拟现实技术的引入，其仿真性、开放性、超时空性、可操作性等优势，为信息化教学模式开辟了虚拟教学的新领域。运用虚拟化教学，可把原有必须在运动场地进行的教学展示搬入教室，不但能够缓解场地紧张的局面，也可以将乏味的课堂教学变得生动有趣，还可以避开天气对教学的影响，尤其是那些要求空间且有特定环境的课程，如游泳课程，在传授基本理论知识时也可更加清晰简明。而那些移动终端设备也将不再妨碍教学，反而成为辅助教学的设备，发挥其应有的作用，虚拟教学环境有利于加强教师和学生的交互，即使远程也能顺利完成，不受空间和时间的影响，其模式如图 4-140 所示。

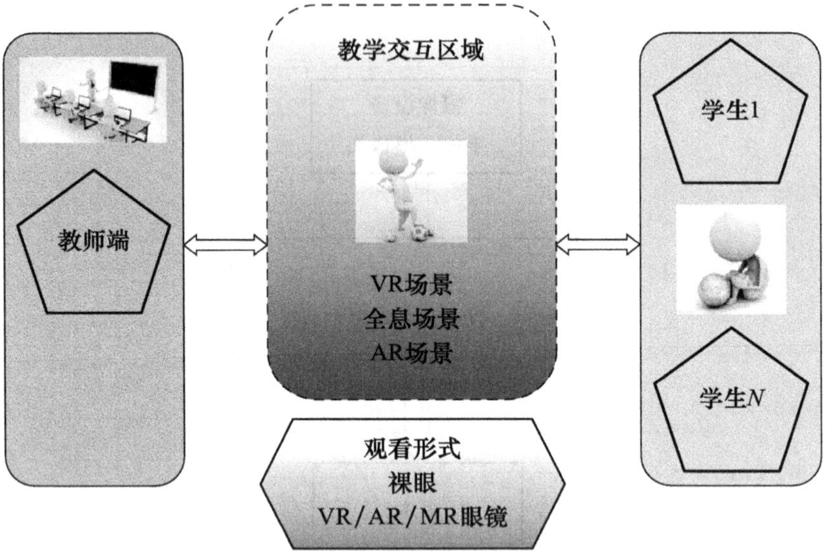

图 4-140　虚拟教学环境

虚拟教学模式的构建，不仅仅在于虚拟设备的完善，更多反映在教学内容的精细程度上，无论是在视频还是多媒体动画素材的制作上，教学的内容不同于娱乐项目，对细节的描述尤为重要，制作过程也是非常复杂的，需要按照教学设计的环节编写大量的素材，制作精良的多媒体软件要与虚拟环境衔接。体育课程尤其是体育专项，运动项目技、战术的理论知识及实践运用都是十分重要的，运用虚拟现实手段来呈现技、战术理论和应用可以辅助教师完成教学，可以不受空间、时间的限制，对技术细节的展示有更好的效果。

未来教育领域的虚拟现实技术应用会更广泛，应用门槛会更低。目前制作虚拟现实的成本还较高，主要体现在 VR 眼镜和虚拟环境的制作成本上，随着越来越多的人使用虚拟现实产品，其价格会逐渐被大众接纳。未来教育虚拟平台的发展会带动虚拟现实领域、多媒体领域一个新的应用发展趋势。虚拟现实技术近年来井喷式的发展带给教育领域的冲击远远超过 MOOCs 当年对教育模式的影响，其影响不仅仅是授课形式的变化，还有整个教育体系的变革，尤其是对教育资源的利用。将虚拟现实技术引入教育并不难，只是在这一趋势下对运用的控制可以使其找到良性的发展方向，哪些可以运用，哪些不能运用才是教育工作者需要思考的。

未来虚拟现实教育的产品会越来越多，这种新的技术手段是整个教育科技发展的趋势，虚拟现实+体育教育的形式也必定会有更加光明的未来。

本章小结

本章是本书的重要部分，完整地描述了整个系统开发的各个环节。首先，描述了虚拟现实交互 Kinect 的应用开发过程，对 Kinect 插件应用、系统设计思路及系统具体设计环节都进行了详细的描述；其次，对增强现实应用开发的技术及实现方法进行了介绍，展示了增强现实设计的完整过程；第三部分介绍了游泳教学虚拟现实设计，展示了虚拟现实环境的构建和虚拟现实交互的最终成果；第四部分描述了本系统设计中游泳教学增强现实效果的完整设计过程，以及增强现实交互功能设计与实现；最后，是对未来体育教学运用虚拟现实技术的展望。

参考文献

[1] 崔蓬. 基于虚拟现实的低成本 3D 声音系统设计与评估[D]. 无锡：江南大学，2008.

[2] 张剑利. 基于 Web 的交互式产品虚拟展示平台关键技术研究[D]. 镇江：江苏科技大学，2010.

[3] 王弘智，王哲. 虚拟现实技术发展与应用[J]. 福建电脑，2016，32（2）：99.

[4] 刘济西. 虚拟现实技术与新军事变革[D]. 长沙：国防科学技术大学，2016.

[5] 朱大林. “VR+”时代来临[J]. 互联网经济，2016（6）：58-65.

[6] 王涌天. 我国应积极预测 VR 在未来生活中的应用模式[N]. 中国电子报，2016-05-24（005）.

[7] 赵沁平. 什么是“虚拟现实+”？[N]. 中华读书报，2016-03-30（17）.

[8] 王宏宇. 谈在体育训练仿真中虚拟现实技术的应用[J]. 吉林体育学院学报，2007（2）：67；114.

[9] 王弘智，王哲. 虚拟现实技术发展与应用[J]. 福建电脑，2016，32（2）：100.

[10] 孙萌. 刍议计算机“虚拟现实”技术在高校体育训练中的应用[J]. 电子测试，2013（22）：61-62.

[11] 芦娟. 虚拟现实系统的分类[J]. 企业导报，2011（4）：277.

[12] 颜浩. 增强现实系统的人机交互技术研究与应用[D]. 青岛：青岛大学，2011.

[13] 高净业. 增强现实人机交互系统的研究[D]. 杭州：杭州电子科技大学，2011.

[14] 杨丹. 基于 ARToolKit 增强现实交互场景的研究[D]. 沈阳：沈阳工业大学，2012.

[15] 汪星荷. 基于 Android 终端的移动增强现实技术的研究[D]. 北京：北京邮电大学，2013.

[16] 陈靖，王涌天，李玉，等. 基于自然特征点的实时增强现实注册算法[J]. 系统仿真学报，2007（22）：5198-5201.

[17] 朱建峰. 基于 A. R. 技术的体育电视节目设计与实现[J]. 电子测试，2014（22）：150-151.

[18] 茅洁. 基于 VR、AR、MR 技术融合的大学体育教学应用研究[J]. 武汉体育学院学报，2017，51（9）：76-80.

[19] 王艾莎. VR 和 AR 技术在冬季体育项目中的应用[A]. 中国体育科学学会、河北省体育局、河北省张家口市崇礼区人民政府. 2017 科技冬奥论坛暨体育科技产品展示会论文摘要汇编[C]. 中国体育科学学会、河北省体育局、河北省张家口市崇礼区人民政府，2017：2.

[20] 叶强，徐凯，钱纪云，等. 儿童体育活动课程中增强现实体育游戏的设计与应用[J]. 电化教育研究，2018，39（1）：122-128.

[21] 徐晶卉. 四年后，AR 能否成奥运标配[N]. 文汇报，2016-08-23（001）.

[22] 魏小东. 面向教育应用的增强现实系统关键问题研究[D]. 北京：北京理工大学，2015.

[23] 周俊平，侯守明. 增强现实技术及其教学应用的探索[J]. 信息与电脑：理论版，2016（3）：217；219.

[24] 汪存友，程彤. 增强现实教育应用产品研究概述[J]. 现代教育技术，2016，26（5）：95-101.

[25] 蔡健. 增强现实技术在教学中的应用研究[D]. 杭州：浙江工业大学，2017.

[26] 徐敏. 增强现实课件的开发与应用研究[D]. 黄石：湖北师范大学，2017.

[27] 王涛. 增强现实在教学中的应用及范例设计[D]. 大连：辽宁师范大学，2017.

[28] 于翠波，李青，刘勇. 增强现实（AR）技术的教育研究现状及发展趋势——基于 2011—2016 中英文期刊文献分析[J]. 远程教育杂志，2017，35（4）：104-112.

[29] 赵丹丹，郭嘉，赵忠波. 浅析增强现实技术在教育方面的应用[J]. 戏剧之家，2017（14）：205；207.

[30] 刘立云，李春燕，赵慧勤. 增强现实（AR）技术在教育中的应用案例研究[J]. 中国教育信息化，2017（17）：19-22.

[31] 刘全. 基于用户体验的网络学习系统交互设计研究[D]. 新乡：河南师范大学，2011.

[32] 胡文聪. 多投影增强现实系统的研究[D]. 上海：上海交通大学，2009.

[33] 沈克. 基于 ARToolKit 平台的增强现实人机交互系统的若干问题研究[D]. 合肥：合肥工业大学，2007.

[34] 黄季冬，胡绍卿. 基于 ARToolKit Plus 的增强现实系统实现及框架研究[J]. 计算机与数字工程，2012，40（4）：102-104；135.

[35] 李聪. 基于 FPGA 的增强现实人工标识识别[J]. 电子科技，2014，27（5）：119-122.

[36] 史亨祯，王昱，石孟楠，等. 基于 ARToolKit 的手指识别增强现实系统的设计[J]. 长江大学学报：自然科学版，2013，10（4）：54-55；69.

[37] 杨胜梅. 高校游泳教学现状分析[J]. 体育世界：学术版，2012（4）：78-80.

[38] 明日科技. C#从入门到精通[M]. 3 版. 北京：清华大学出版社，2012：9.

[39] 3d Max 小哥哥. Autodesk 3ds max 的子产品详细解析[EB/OL]. [2018-09-01]. https：//www. jianshu. com/p/bf3d67ca00be.

[40] 朱莉莉，胡春艳. 浅谈 3ds Max 技术的应用[J]. 河南科技，2013（7）：11；28.

附录　C#代码

1. Lean Touch C#代码

```
using UnityEngine;
using UnityEngine.EventSystems;
using System.Collections.Generic;

namespace Lean.Touch
{
    // If you add this component to your scene, then it will convert all mouse and touch data into easy to
    // You can access this data via Lean.Touch.LeanTouch.Instance.Fingers, or hook into the Lean.Touch.Lea
    // NOTE: To prevent lag you may want to edit your ScriptExecutionOrder to force this to update before
    [ExecuteInEditMode]
    [DisallowMultipleComponent]
    public partial class LeanTouch : MonoBehaviour
    {
        // This contains all the active and enabled LeanTouch instances
        public static List<LeanTouch> Instances = new List<LeanTouch>();

        // This list contains all currently active fingers (including simulated ones)
        public static List<LeanFinger> Fingers = new List<LeanFinger>(10);

        // This list contains all currently inactive fingers (this allows for pooling and tapping)
        public static List<LeanFinger> InactiveFingers = new List<LeanFinger>(10);

        // This gets fired when a finger begins touching the screen (LeanFinger = The current finger)
        public static System.Action<LeanFinger> OnFingerDown;

        // This gets fired every frame a finger is touching the screen (LeanFinger = The current finger)
        public static System.Action<LeanFinger> OnFingerSet;

        // This gets fired when a finger stops touching the screen (LeanFinger = The current finger)
        public static System.Action<LeanFinger> OnFingerUp;

        // This gets fired when a finger taps the screen
        // (this is when a finger begins and stops touching the screen within the 'TapThreshold' time) (Le
        public static System.Action<LeanFinger> OnFingerTap;

        // This gets fired when a finger swipes the screen
        //(this is when a finger begins and stops touching the screen within the 'TapThreshold' time, and also moves more than the ':
        public static System.Action<LeanFinger> OnFingerSwipe;

        // This gets fired every frame at least one finger is touching the screen (List = Fingers)
        public static System.Action<List<LeanFinger>> OnGesture;

        [Tooltip("This allows you to set how many seconds are required between a finger down/up for a tap to be registered")]
        public float TapThreshold = DefaultTapThreshold;

        public const float DefaultTapThreshold = 0.5f;

        public static float CurrentTapThreshold
        {
            get
            {
                return Instances.Count > 0 ? Instances[0].TapThreshold : DefaultTapThreshold;
            }
        }

        [Tooltip("This allows you to set how many pixels of movement (relative to the ReferenceDpi) are required within the TapThres
        public float SwipeThreshold = DefaultSwipeThreshold;

        public const float DefaultSwipeThreshold = 50.0f;

        public static float CurrentSwipeThreshold
        {
            get
            {
                return Instances.Count > 0 ? Instances[0].SwipeThreshold : DefaultSwipeThreshold;
            }
```

```
        }

        [Tooltip("This allows you to set the default DPI you want the input scaling to be based on")]
        public int ReferenceDpi = DefaultReferenceDpi;

        public const int DefaultReferenceDpi = 200;

        public static int CurrentReferenceDpi
        {
            get
            {
                return Instances.Count > 0 ? Instances[0].ReferenceDpi : DefaultReferenceDpi;
            }
        }

        [Tooltip("This allows you to set which layers your GUI is on, so it can be ignored by each finger")]
        public LayerMask GuiLayers = Physics.DefaultRaycastLayers;

        public static LayerMask CurrentGuiLayers
        {
            get
            {
                return Instances.Count > 0 ? Instances[0].GuiLayers : (LayerMask)Physics.DefaultRaycastLayers;
            }
        }

        [Tooltip("This allows you to enable recording of finger movements")]
        public bool RecordFingers = true;

        [Tooltip("This allows you to set the amount of pixels a finger must move for another snapshot to be stored")]
        public float RecordThreshold = 5.0f;

        [Tooltip("This allows you to set the maximum amount of seconds that can be recorded, 0 = unlimited")]
        public float RecordLimit = 10.0f;

        [Tooltip("This allows you to simulate multi touch inputs on devices that don't support them (e.g. desktop)")]
        public bool SimulateMultiFingers = true;

        [Tooltip("This allows you to set which key is required to simulate multi key twisting")]
        public KeyCode PinchTwistKey = KeyCode.LeftControl;

        [Tooltip("This allows you to set which key is required to simulate multi key dragging")]
        public KeyCode MultiDragKey = KeyCode.LeftAlt;

        [Tooltip("This allows you to set which texture will be used to show the simulated fingers")]
        public Texture2D FingerTexture;

        // This stores the highest mouse button index
        private static int highestMouseButton = 7;

        // Used to find if the GUI is in use
        private static List<RaycastResult> tempRaycastResults = new List<RaycastResult>(10);

        // Used to return non GUI fingers
        private static List<LeanFinger> filteredFingers = new List<LeanFinger>(10);

        // Used by RaycastGui
        private static PointerEventData tempPointerEventData;

        // Used by RaycastGui
        private static EventSystem tempEventSystem;

        // Returns the main instance
        public static LeanTouch Instance
        {
            get
            {
                return Instances.Count > 0 ? Instances[0] : null;
            }
        }

        // If you multiply this value with any other pixel delta (e.g. ScreenDelta), then it will become device resolution independant
        public static float ScalingFactor
        {
            get
            {
                // Get the current screen DPI
                var dpi = Screen.dpi;

                // If it's 0 or less, it's invalid, so return the default scale of 1.0
                if (dpi <= 0)
                {
```

```
                return 1.0f;
            }

            // DPI seems valid, so scale it against the reference DPI
            return Mathf.Sqrt(CurrentReferenceDpi) / Mathf.Sqrt(dpi);
        }
    }

    // Returns true if any mouse button is pressed
    public static bool AnyMouseButtonSet
    {
        get
        {
            for (var i = 0; i < highestMouseButton; i++)
            {
                if (Input.GetMouseButton(i) == true)
                {
                    return true;
                }
            }

            return false;
        }
    }

    // This will return true if the mouse or any finger is currently using the GUI
    public static bool GuiInUse
    {
        get
        {
            // Legacy GUI in use?
            if (GUIUtility.hotControl > 0)
            {
                return true;
            }

            // New GUI in use?
            for (var i = Fingers.Count - 1; i >= 0; i--)
            {
                if (Fingers[i].StartedOverGui == true)
                {
                    return true;
                }
            }

            return false;
        }
    }

    // If currentCamera is null, this will return the camera attached to gameObject, or return Camera.main
    public static Camera GetCamera(Camera currentCamera, GameObject gameObject = null)
    {
        if (currentCamera == null)
        {
            if (gameObject != null)
            {
                currentCamera = gameObject.GetComponent<Camera>();
            }

            if (currentCamera == null)
            {
                currentCamera = Camera.main;
            }
        }

        return currentCamera;
    }

    // Return the framerate independant damping factor
    public static float GetDampenFactor(float dampening, float deltaTime)
    {
        if (Application.isPlaying == false)
        {
            return 1.0f;
        }

```

```
            return 1.0f - Mathf.Exp(-dampening * deltaTime);
        }

        // This will return true if the 'screenPosition' is over any GUI elements
        public static bool PointOverGui(Vector2 screenPosition)
        {
            return RaycastGui(screenPosition).Count > 0;
        }

        // This will return all the RaycastResults under the 'screenPosition' using the current layerMask
        // The first result (0) should be the top most UI element
        public static List<RaycastResult> RaycastGui(Vector2 screenPosition)
        {
            return RaycastGui(screenPosition, CurrentGuiLayers);
        }

        // This will return all the RaycastResults under the 'screenPosition' using the specified layerMask
        // The first result (0) should be the top most UI element
        public static List<RaycastResult> RaycastGui(Vector2 screenPosition, LayerMask layerMask)
        {
            tempRaycastResults.Clear();

            var currentEventSystem = EventSystem.current;

            if (currentEventSystem != null)
            {
                // Create point event data for this event system?
                if (currentEventSystem != tempEventSystem)
                {
                    tempEventSystem = currentEventSystem;

                    if (tempPointerEventData == null)
                    {
                        tempPointerEventData = new PointerEventData(tempEventSystem);
                    }
                    else
                    {
                        tempPointerEventData.Reset();
                    }
                }

                // Raycast event system at the specified point
                tempPointerEventData.position = screenPosition;

                currentEventSystem.RaycastAll(tempPointerEventData, tempRaycastResults);

                // Loop through all results and remove any that don't match the layer mask
                if (tempRaycastResults.Count > 0)
                {
                    for (var i = tempRaycastResults.Count - 1; i >= 0; i--)
                    {
                        var raycastResult = tempRaycastResults[i];
                        var raycastLayer  = 1 << raycastResult.gameObject.layer;

                        if ((raycastLayer & layerMask) == 0)
                        {
                            tempRaycastResults.RemoveAt(i);
                        }
                    }
                }
            }

            return tempRaycastResults;
        }
```

```
        // If ignoreGuiFingers is set, Fingers will be filtered to remove any with StartedOverGu
        // If requiredFingerCount is greather than 0, this method will return null if the finger
        // If requiredSelectable is set, and its SelectingFinger isn't null, it will return just
        public static List<LeanFinger> GetFingers(bool ignoreGuiFingers, int requiredFingerCount
        {
            filteredFingers.Clear();

            if (requiredSelectable != null && requiredSelectable.SelectingFinger != null)
            {
                filteredFingers.Add(requiredSelectable.SelectingFinger);

                return filteredFingers;
            }

            for (var i = 0; i < Fingers.Count; i++)
            {
                var finger = Fingers[i];

                if (ignoreGuiFingers == true)
                {
                    if (finger.StartedOverGui == false)
                    {
                        filteredFingers.Add(finger);
                    }
                }
                else
                {
                    filteredFingers.Add(finger);
                }
            }

            if (requiredFingerCount > 0)
            {
                if (filteredFingers.Count != requiredFingerCount)
                {
                    return null;
                }
            }

            return filteredFingers;
        }

        protected virtual void Awake()
        {
#if UNITY_EDITOR
            // Set the finger texture?
            if (FingerTexture == null)
            {
                var guids = UnityEditor.AssetDatabase.FindAssets("FingerVisualization t:texture2d");

                if (guids.Length > 0)
                {
                    var path = UnityEditor.AssetDatabase.GUIDToAssetPath(guids[0]);

                    FingerTexture = UnityEditor.AssetDatabase.LoadMainAssetAtPath(path) as Texture2D;
                }
            }
#endif
        }

        protected virtual void OnEnable()
        {
            Instances.Add(this);
```

```
        }

        protected virtual void OnDisable()
        {
            Instances.Remove(this);
        }

        protected virtual void Update()
        {
            // Only run the update methods if this is the first instance (i.e. if your scen
            if (Instances[0] == this)
            {
                // Prepare old finger data for new information
                BeginFingers();

                // Poll current finger + mouse data and conver it to fingers
                PollFingers();

                // Process any no longer used fingers
                EndFingers();

                // Update events based on new finger data
                UpdateEvents();
            }
        }

        protected virtual void OnGUI()
        {
            // Show simulated multi fingers?
            if (FingerTexture != null && Input.touchCount == 0 && Fingers.Count > 1)
            {
                for (var i = Fingers.Count - 1; i >= 0; i--)
                {
                    var finger = Fingers[i];

                    // Don't show fingers that just went up, because real touches will be up the frame they r
                    if (finger.Up == false)
                    {
                        var screenPosition = finger.ScreenPosition;
                        var screenRect     = new Rect(0, 0, FingerTexture.width, FingerTexture.height);

                        screenRect.center = new Vector2(screenPosition.x, Screen.height - screenPosition.y);

                        GUI.DrawTexture(screenRect, FingerTexture);
                    }
                }
            }
        }

        // Update all Fingers and InactiveFingers so they're ready for the new frame
        private void BeginFingers()
        {
            // Age inactive fingers
            for (var i = InactiveFingers.Count - 1; i >= 0; i--)
            {
                InactiveFingers[i].Age += Time.unscaledDeltaTime;
            }

            // Reset finger data
            for (var i = Fingers.Count - 1; i >= 0; i--)
            {
                var finger = Fingers[i];

```

```
                // Was this set to up last time? If so, it's now inactive
                if (finger.Up == true)
                {
                    // Make finger inactive
                    Fingers.RemoveAt(i); InactiveFingers.Add(finger);

                    // Reset age so we can time how long it's been inactive
                    finger.Age = 0.0f;

                    // Pool old snapshots
                    finger.ClearSnapshots();
                }
                else
                {
                    finger.LastSet            = finger.Set;
                    finger.LastScreenPosition = finger.ScreenPosition;

                    finger.Set   = false;
                    finger.Tap   = false;
                    finger.Swipe = false;
                }
            }
        }

        // Update all Fingers based on the new finger data
        private void EndFingers()
        {
            for (var i = Fingers.Count - 1; i >= 0; i--)
            {
                var finger = Fingers[i];

                // Up?
                if (finger.Up == true)
                {
                  // Tap or Swipe?
                  if (finger.Age <= TapThreshold)
                  {
                      if (finger.SwipeScreenDelta.magnitude * ScalingFactor < SwipeThreshold)
                      {
                          finger.Tap       = true;
                          finger.TapCount += 1;
                      }
                      else
                      {
                          finger.TapCount = 0;
                          finger.Swipe    = true;
                      }
                  }
                  else
                  {
                      finger.TapCount = 0;
                  }
              }
              // Down?
              else if (finger.Down == false)
              {
                  // Age it
                  finger.Age += Time.unscaledDeltaTime;
              }
          }
      }

      // Read new hardware finger data
      private void PollFingers()
      {
          // Update real fingers
```

```
            if (Input.touchCount > 0)
            {
                for (var i = 0; i < Input.touchCount; i++)
                {
                    var touch = Input.GetTouch(i);

                    // Only poll fingers that are active?
                    if (touch.phase == TouchPhase.Began || touch.phase == TouchPhase.Stationary || touch.phase == TouchPhase.Moved)
                    {
                        AddFinger(touch.fingerId, touch.position);
                    }
                }
            }
            // If there are no real touches, simulate some from the mouse?
            else if (AnyMouseButtonSet == true)
            {
                var screen        = new Rect(0, 0, Screen.width, Screen.height);
                var mousePosition = (Vector2)Input.mousePosition;

                // Is the mouse within the screen?
                if (screen.Contains(mousePosition) == true)
                {
                    AddFinger(0, mousePosition);

                    // Simulate pinch & twist?
                    if (SimulateMultiFingers == true)
                    {
                        if (Input.GetKey(PinchTwistKey) == true)
                        {
                            var center = new Vector2(Screen.width * 0.5f, Screen.height * 0.5f);

                            AddFinger(1, center - (mousePosition - center));
                        }
                        // Simulate multi drag?
                         else if (Input.GetKey(MultiDragKey) == true)
                         {
                             AddFinger(1, mousePosition);
                         }
                    }
                }
            }
        }

        private void UpdateEvents()
        {
            var fingerCount = Fingers.Count;

            if (fingerCount > 0)
            {
                for (var i = 0; i < fingerCount; i++)
                {
                    var finger = Fingers[i];

                    if (finger.Down  == true && OnFingerDown  != null) OnFingerDown(finger);
                    if (finger.Set   == true && OnFingerSet   != null) OnFingerSet(finger);
                    if (finger.Up    == true && OnFingerUp    != null) OnFingerUp(finger);
                    if (finger.Tap   == true && OnFingerTap   != null) OnFingerTap(finger);
                    if (finger.Swipe == true && OnFingerSwipe != null) OnFingerSwipe(finger);
                }

                if (OnGesture != null)
                {
                    filteredFingers.Clear();
                    filteredFingers.AddRange(Fingers);

                    OnGesture(filteredFingers);
                }
```

```
            }
        }

        // Add a finger based on index, or return the existing one
        private void AddFinger(int index, Vector2 screenPosition)
        {
            var finger = FindFinger(index);

            // No finger found?
            if (finger == null)
            {
                var inactiveIndex = FindInactiveFingerIndex(index);

                // Use inactive finger?
                if (inactiveIndex >= 0)
                {
                    finger = InactiveFingers[inactiveIndex]; InactiveFingers.RemoveAt(inactiveIndex);

                    // Inactive for too long?
                    if (finger.Age > TapThreshold)
                    {
                        finger.TapCount = 0;
                    }

                    // Reset values
                    finger.Age     = 0.0f;
                    finger.Set     = false;
                    finger.LastSet = false;
                    finger.Tap     = false;
                    finger.Swipe   = false;
                }
                // Create new finger?
                else
                {
                    finger = new LeanFinger();

                    finger.Index = index;
                }

                finger.StartScreenPosition = screenPosition;
                finger.LastScreenPosition  = screenPosition;
                finger.ScreenPosition      = screenPosition;
                finger.StartedOverGui      = finger.IsOverGui;

                Fingers.Add(finger);
            }

            finger.Set            = true;
            finger.ScreenPosition = screenPosition;

            // Record?
            if (RecordFingers == true)
            {
                // Too many snapshots?
                if (RecordLimit > 0.0f)
                {
                    if (finger.SnapshotDuration > RecordLimit)
                    {
                        var removeCount = LeanSnapshot.GetLowerIndex(finger.Snapshots, finger.Age - RecordLimit);

                        finger.ClearSnapshots(removeCount);
                    }
                }

                // Record snapshot?
                if (RecordThreshold > 0.0f)
```

```
                {
                    if (finger.Snapshots.Count == 0 || finger.LastSnapshotScreenDelta.magnitude >= RecordThreshold)
                    {
                        finger.RecordSnapshot();
                    }
                }
                else
                {
                    finger.RecordSnapshot();
                }
            }
        }

        // Find the finger with the specified index, or return null
        private LeanFinger FindFinger(int index)
        {
            for (var i = Fingers.Count - 1; i>= 0; i--)
            {
                var finger = Fingers[i];

                if (finger.Index == index)
                {
                    return finger;
                }
            }

            return null;
        }

        // Find the index of the inactive finger with the specified index, or return -1
        private int FindInactiveFingerIndex(int index)
        {
            for (var i = InactiveFingers.Count - 1; i>= 0; i--)
            {
                if (InactiveFingers[i].Index == index)
                {
                    return i;
                }
            }

            return -1;
        }
    }
}
```

2. LeanTranslateSmooth C#代码

```
using UnityEngine;

namespace Lean.Touch
{
    // This script allows you to transform the current GameObject with smoothing
    public class LeanTranslateSmooth : LeanTranslate
    {
        [Tooltip("How smoothly this object moves to its target position")]
        public float Dampening = 10.0f;

        // The position we still need to add
        [HideInInspector]
        public Vector3 RemainingDelta;

        protected virtual void LateUpdate()
        {
            // Get t value
            var factor = LeanTouch.GetDampenFactor(Dampening, Time.deltaTime);

            // Dampen remainingDelta
            var newDelta = Vector3.Lerp(RemainingDelta, Vector3.zero, factor);

            // Shift this transform by the change in delta
            transform.position += RemainingDelta - newDelta;

            // Update remainingDelta with the dampened value
            RemainingDelta = newDelta;
        }

        protected override void Translate(Vector2 screenDelta)
        {
            // Make sure the camera exists
            var camera = LeanTouch.GetCamera(Camera, gameObject);

            if (camera != null)
```

```
            {
                // Store old position
                var oldPosition = transform.position;

                // Screen position of the transform
                var screenPosition = camera.WorldToScreenPoint(oldPosition);

                // Add the deltaPosition
                screenPosition += (Vector3)screenDelta;

                // Convert back to world space
                var newPosition = camera.ScreenToWorldPoint(screenPosition);

                // Add to delta
                RemainingDelta += newPosition - oldPosition;
            }
        }
    }
}
```

3. LeanRotate C#代码

```
using UnityEngine;

namespace Lean.Touch
{
    // This script allows you to transform the current GameObject
    public class LeanRotate : MonoBehaviour
    {
        [Tooltip("Ignore fingers with StartedOverGui?")]
        public bool IgnoreGuiFingers;

        [Tooltip("Allows you to force rotation with a specific amount of fingers (0 = any)")]
        public int RequiredFingerCount;

        [Tooltip("Does rotation require an object to be selected?")]
        public LeanSelectable RequiredSelectable;

        [Tooltip("The camera we will be moving (None = MainCamera)")]
        public Camera Camera;

        [Tooltip("The rotation axis used for non-relative rotations")]
        public Vector3 RotateAxis = Vector3.forward;

        [Tooltip("Should the rotation be performanced relative to the finger center?")]
        public bool Relative;

#if UNITY_EDITOR
        protected virtual void Reset()
        {
            Start();
        }
#endif

        protected virtual void Start()
        {
            if (RequiredSelectable == null)
```

```
            {
                RequiredSelectable = GetComponent<LeanSelectable>();
            }
        }

        protected virtual void Update()
        {
            // If we require a selectable and it isn't selected, cancel rotation
            if (RequiredSelectable != null && RequiredSelectable.IsSelected == false)
            {
                return;
            }

            // Get the fingers we want to use
            var fingers = LeanTouch.GetFingers(IgnoreGuiFingers, RequiredFingerCount);

            // Calculate the rotation values based on these fingers
            var center  = LeanGesture.GetScreenCenter(fingers);
            var degrees = LeanGesture.GetTwistDegrees(fingers);

            // Perform the rotation
            Rotate(center, degrees);
        }

        private void Rotate(Vector3 center, float degrees)
        {
            if (Relative == true)
            {
                // Make sure the camera exists
                var camera = LeanTouch.GetCamera(Camera, gameObject);

                if (camera != null)
                {
                    // World position of the reference point
                    var worldReferencePoint = camera.ScreenToWorldPoint(center);

                    // Rotate the transform around the world reference point
                    transform.RotateAround(worldReferencePoint, camera.transform.forward, degrees);
                }
            }
            else
            {
                transform.rotation *= Quaternion.AngleAxis(degrees, RotateAxis);
            }
        }
    }
}
```

4. LeanScale C#代码

```
using UnityEngine;

namespace Lean.Touch
{
    // This script allows you to scale the current GameObject
    public class LeanScale : MonoBehaviour
    {
        [Tooltip("Ignore fingers with StartedOverGui?")]
        public bool IgnoreGuiFingers;

        [Tooltip("Allows you to force rotation with a specific amount of fingers (0 = any)")]
        public int RequiredFingerCount;

        [Tooltip("Does scaling require an object to be selected?")]
        public LeanSelectable RequiredSelectable;

        [Tooltip("If you want the mouse wheel to simulate pinching then set the strength of it here")]
        [Range(-1.0f, 1.0f)]
        public float WheelSensitivity;

        [Tooltip("The camera that will be used to calculate the zoom (None = MainCamera)")]
        public Camera Camera;

        [Tooltip("Should the scaling be performanced relative to the finger center?")]
        public bool Relative;

        [Tooltip("Should the scale value be clamped?")]
        public bool ScaleClamp;

        [Tooltip("The minimum scale value on all axes")]
        public Vector3 ScaleMin;

        [Tooltip("The maximum scale value on all axes")]
        public Vector3 ScaleMax;

#if UNITY_EDITOR
        protected virtual void Reset()
        {
            Start();
        }
#endif

        protected virtual void Start()
        {
            if (RequiredSelectable == null)
            {
                RequiredSelectable = GetComponent<LeanSelectable>();
            }
        }

        protected virtual void Update()
        {
            // If we require a selectable and it isn't selected, cancel scaling
            if (RequiredSelectable != null && RequiredSelectable.IsSelected == false)
            {
                return;
            }

            // Get the fingers we want to use
            var fingers = LeanTouch.GetFingers(IgnoreGuiFingers, RequiredFingerCount);

            // Calculate the scaling values based on these fingers
            var pinchScale   = LeanGesture.GetPinchScale(fingers, WheelSensitivity);
```

```
            var screenCenter = LeanGesture.GetScreenCenter(fingers);

            // Perform the scaling
            Scale(pinchScale, screenCenter);
        }

        private void Scale(float pinchScale, Vector2 screenCenter)
        {
            // Make sure the scale is valid
            if (pinchScale > 0.0f)
            {
                var scale = transform.localScale;

                if (Relative == true)
                {
                    // Make sure the camera exists
                    var camera = LeanTouch.GetCamera(Camera, gameObject);

                    if (camera != null)
                    {
                        // Screen position of the transform
                        var screenPosition = camera.WorldToScreenPoint(transform.position);

                        // Push the screen position away from the reference point based on the scale
                        screenPosition.x = screenCenter.x + (screenPosition.x - screenCenter.x) * pinchScale;
                        screenPosition.y = screenCenter.y + (screenPosition.y - screenCenter.y) * pinchScale;

                        // Convert back to world space
                        transform.position = camera.ScreenToWorldPoint(screenPosition);

                        // Grow the local scale by scale
                        scale *= pinchScale;
                    }
                }
                else
                {
                    // Grow the local scale by scale
                    scale *= pinchScale;
                }

                if (ScaleClamp == true)
                {
                    scale.x = Mathf.Clamp(scale.x, ScaleMin.x, ScaleMax.x);
                    scale.y = Mathf.Clamp(scale.y, ScaleMin.y, ScaleMax.y);
                    scale.z = Mathf.Clamp(scale.z, ScaleMin.z, ScaleMax.z);
                }

                transform.localScale = scale;
            }
        }
    }
}
```

5. VideoPlaybackController C#代码

```
using System.Collections;
using System;

/// <summary>
/// This class contains the logic to handle taps on VideoPlaybackBehaviour game objects
/// and starts playing the according video. It also pauses other videos when a new one is
/// started.
/// </summary>
public class VideoPlaybackController : MonoBehaviour
{
    #region PRIVATE_MEMBER_VARIABLES

    private Vector2 mTouchStartPos;
    private bool mTouchMoved = false;
    private float mTimeElapsed = 0.0f;

    private bool mTapped = false;
    private float mTimeElapsedSinceTap = 0.0f;

    private bool mWentToFullScreen = false;

    #endregion // PRIVATE_MEMBER_VARIABLES



    #region UNITY_MONOBEHAVIOUR_METHODS

    void Update()
    {
        // Determine the number of taps
        // Note: Input.tapCount doesn't work on Android

        if (Input.touchCount > 0)
        {
            Touch touch = Input.touches[0];
            if (touch.phase == TouchPhase.Began)
            {
                mTouchStartPos = touch.position;
                mTouchMoved = false;
                mTimeElapsed = 0.0f;
            }
            else
            {
                mTimeElapsed += Time.deltaTime;
            }

            if (touch.phase == TouchPhase.Moved)
            {
                if (Vector2.Distance(mTouchStartPos, touch.position) > 40)
                {
                    // Touch moved too far
                    mTouchMoved = true;
                }
            }
            else if (touch.phase == TouchPhase.Ended)
            {
                if (!mTouchMoved && mTimeElapsed < 1.0)
                {
                    if (mTapped)
                    {
                        // Second tap
                        HandleDoubleTap();
                        mTapped = false;
                    }
                    else
                    {
                        // Wait to see if this is a double tap
                        mTapped = true;
                        mTimeElapsedSinceTap = 0.0f;
                    }
```

```
                }
            }
        }

        if (mTapped)
        {
            if (mTimeElapsedSinceTap >= 0.5f)
            {
                // Not a double tap
                HandleTap();
                mTapped = false;
            }
            else
            {
                mTimeElapsedSinceTap += Time.deltaTime;
            }
        }

        // special handling in play mode:
        if (QCARRuntimeUtilities.IsPlayMode())
        {
            if (Input.GetMouseButtonUp(0))
            {
                if (PickVideo(Input.mousePosition) != null)
                    Debug.LogWarning("Playing videos is currently not supported in Play Mode.");
            }
        }
    }

    #endregion // UNITY_MONOBEHAVIOUR_METHODS



    #region PRIVATE_METHODS

    /// <summary>
    /// Handle single tap event
    /// </summary>
    private void HandleTap()
    {
        // Find out which video was tapped, if any
        VideoPlaybackBehaviour video = PickVideo(mTouchStartPos);

        if (video != null)
        {
            if (video.VideoPlayer.IsPlayableOnTexture())
            {
                // This video is playable on a texture, toggle playing/paused

                VideoPlayerHelper.MediaState state = video.VideoPlayer.GetStatus();
                if (state == VideoPlayerHelper.MediaState.PAUSED ||
                    state == VideoPlayerHelper.MediaState.READY ||
                    state == VideoPlayerHelper.MediaState.STOPPED)
                {
                    // Pause other videos before playing this one
                    PauseOtherVideos(video);

                    // Play this video on texture where it left off
                    video.VideoPlayer.Play(false, video.VideoPlayer.GetCurrentPosition());
                }
                else if (state == VideoPlayerHelper.MediaState.REACHED_END)
                {
                    // Pause other videos before playing this one
                    PauseOtherVideos(video);

                    // Play this video from the beginning
                    video.VideoPlayer.Play(false, 0);
                }
                else if (state == VideoPlayerHelper.MediaState.PLAYING)
                {
```

```
                    // Video is already playing, pause it
                    video.VideoPlayer.Pause();
                }
            }
            else
            {
                // Display the busy icon
                video.ShowBusyIcon();

                // This video cannot be played on a texture, play it full screen
                video.VideoPlayer.Play(true, 0);
                mWentToFullScreen = true;
            }
        }
    }


    /// <summary>
    /// Handle double tap event
    /// </summary>
    private void HandleDoubleTap()
    {
        // Find out which video was tapped, if any
        VideoPlaybackBehaviour video = PickVideo(mTouchStartPos);

        if (video != null)
        {
            if (video.VideoPlayer.IsPlayableFullscreen())
            {
                // Pause the video if it is currently playing
                video.VideoPlayer.Pause();

                // Seek the video to the beginning();
                video.VideoPlayer.SeekTo(0.0f);

                // Display the busy icon
                video.ShowBusyIcon();

                // Play the video full screen
                video.VideoPlayer.Play(true, 0);
                mWentToFullScreen = true;
            }
        }
    }


    /// <summary>
    /// Find the video object under the screen point
    /// </summary>
    private VideoPlaybackBehaviour PickVideo(Vector3 screenPoint)
    {
        VideoPlaybackBehaviour[] videos = (VideoPlaybackBehaviour[])
            FindObjectsOfType(typeof(VideoPlaybackBehaviour));

        Ray ray = Camera.main.ScreenPointToRay(screenPoint);
        RaycastHit hit = new RaycastHit();

        foreach (VideoPlaybackBehaviour video in videos)
        {
            if (video.GetComponent<Collider>().Raycast(ray, out hit, 10000))
            {
                return video;
            }
        }

        return null;
    }

```

```
    /// <summary>
    /// Pause all videos except this one
    /// </summary>
    private void PauseOtherVideos(VideoPlaybackBehaviour currentVideo)
    {
        VideoPlaybackBehaviour[] videos = (VideoPlaybackBehaviour[])
            FindObjectsOfType(typeof(VideoPlaybackBehaviour));

        foreach (VideoPlaybackBehaviour video in videos)
        {
            if (video != currentVideo)
            {
                if (video.CurrentState == VideoPlayerHelper.MediaState.PLAYING)
                {
                    video.VideoPlayer.Pause();
                }
            }
        }
    }

    #endregion // PRIVATE_METHODS



    #region PUBLIC_METHODS

    /// <summary>
    /// One-time check for the Instructional Screen
    /// </summary>
    public bool CheckWentToFullScreen()
    {
        bool result = mWentToFullScreen;
        mWentToFullScreen = false;
        return result;
    }

    private class QCARRuntimeUtilities
    {
        internal static bool IsPlayMode()
        {
            throw new NotImplementedException();
        }
    }

    #endregion // PUBLIC_METHODS
}
```